新レインボー ことば選び辞典

セットで覚える
漢字の使い分け辞典

同音異義語・同訓異字

【監修】矢澤真人

Gakken

はじめに

みなさんは本を読んでいて、「なぜ、こんな漢字で書くのだろう」と不思議に思ったことはありませんか？　「あし」なのだから、「足」と書けばよいのに、わざわざ「脚」と書いてあったり、「蒼（あお）い草原」のように、わざわざ、ふりがなをつけた漢字が使われていたりするかもしれません。

作文で、「この場合の『あたたかい』は『暖』と『温』のどっちだったかなあ」と迷うこともあるでしょう。「以外」と「意外」、「基準」と「規準」のように、漢語には同音異義が多く、書き分けに頭をなやませているのではないでしょうか。「簡単に理解できる」と「容易に理解できる」はどちらも使えそうなのに、「しくみはいたって簡単だ」と言えても、「しくみはいたって容易だ」は、なんか変です。「新たに」と「改めて」、「経験」と「体験」など、類義語の使い分けもこんがらがってしまいそうです。

この辞典は、こうしたなやみそうなことばについて、わかりやすく説明したものです。わからないことばを、どんどん調べてみてください。そして、時間があれば、好きなところを開いて読んでみてください。この辞典は、一つのことばだけを説明するのではなく、いくつかのことばと比べながら説明しています。ことばは、いろいろなことばとかかわりながら使われています。

一つのことばをきっかけにして、かかわりを考えながら、たくさんのことばと親しくなってください。この辞典は、こうしたことばとのつきあい方を示したガイドブックでもあるのです。

矢澤真人

※本書の前身である『新レインボーことばが選べる辞典』の「はじめに」を再録しました。

この辞典の組み立てと決まり

1 この辞典の特色

この辞典には、同音異義語や同訓異字を収録しています。これらは日常生活でよく目にするものですが、大人でも使い分けに迷う難しいものも多くあります。

本書では、このようなことばの意味や使い方のちがいを、例文やイラストを交えて、くわしく解説しています。

また、クイズ「どっちかな?」を用意しました。このクイズに取り組むことで、漢字の使い分けを簡単にチェックすることができます。

【表す】

【現す】

【あらわす（著す）】

2 見出し語

同じ読みのことばをセットでならべ、それぞれの漢字表記を見出し語としてのせています。それぞれの読みは、五十音順にならんでいます。

見出し語は基本的に、教育漢字、常用漢字、それ以外の漢字の順でならんでいます。また、見出し語についている記号は次のことをあらわしています。

◆…漢字は小学校で習うけれど、読み方は中学校以降で覚えることをあらわしています。

▼…中学校以降で覚える漢字をあらわしています。

【あてる（◆中てる）】
弾や矢を命中させる。対外れる。例よくねらって的に中てる。熟語的中・百発百中・命中
↓【中たる】例見事獲物に中たった。
参考常用音訓にはない読み方。

【あてる（▼充てる）】
ある目的のために使う。例生活費に充てる。／自習の時間に充てる。熟語充当

※常用漢字外の漢字には、▼をつけて、参考に「常用漢字外の字」として示しています。

3 本文中の記号について

対…見出し語と反対の意味を持つことばを示しています。

例…見出し語を使った文章の例を示しています。

熟語…見出し語の漢字の意味で使われている熟語を示しています。意味が複数ある場合は、❶❷❸…の、それぞれの意味に対応しています。

↓…見出し語で形が変わった場合（自動詞、他動詞の形）を示しています。その下に例文ものせています。

参考…見出し語について、参考になる知識やことばの使い方のくわしい解説がのっています。ちがう参考事項がある場合は、「▽」で示しています。

4 コラム

ことばの理解を深めるための豆知識をのせています。

コラム ひらがなで書かれることば

みなさんは、漢字で書けることばは、漢字でなるべく書くようにしていることと思います。ところが、小学校で習う漢字でも、あまり漢字で書かれないことばがいくつかあります。

5 クイズ「どっちかな？」

本書の内容をおさらいできるクイズです。答えはページの下、欄外にのせています。

どっちかな？ ❶治療法を（追究　追及）して、多くの人を救う。

❷あいまいな返事に対して、きびしく（追究　追及）する。

この本をつくった人

●監修
矢澤真人（筑波大学名誉教授）

●装幀
Indy Design 髙橋進

●紙面設計・DTP
クラップス 佐藤かおり

●本文イラスト
JOE'S GARDEN

●編集協力
岩崎美穂、倉本有加

●販売
和田裕之

●製作
松谷安恵

●編集
森川聡顕、鈴木かおり、田沢あかね

※この本は『新レインボー ことばが選べる辞典』をもとに再編集したものです。

『新レインボー ことばが選べる辞典』をつくった人たち

●監修：矢澤真人

●編集委員：鈴木一史

●執筆協力：茂田井円、畑中彩子

●校正：椛沢洋一

●編集協力：岩崎美穂、山中冴ゆ子、駒井幸、横田香

●編集：松橋 研

あいしょう　愛称・愛唱

【愛しょう（▼称）】本名や正式名のほかに、親しみの気持ちをこめてよぶ、特別な名前。例 女子サッカー日本代表の愛称は「なでしこジャパン」だ。／空港の愛称を募集する。

【愛唱】好んで歌うこと。例 愛唱歌。

あう　会う・合う・遭う・遇う・逢う

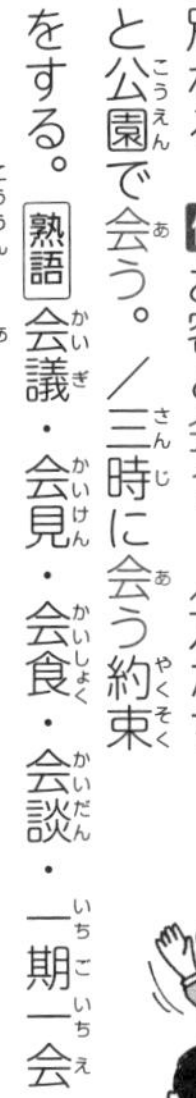

【会う】人と顔をあわせる。面会する。対 別れる。例 お客と会う。／友だちと公園で会う。／三時に会う約束をする。熟語 会議・会見・会食・会談・一期一会

参考 「幸運に会う」のように、できごとにであう意味でも使う。最も一般的な表記。

【合う】❶二つ以上のものが集まって、一つになる。同じになる。例 意見が合う。／答えが合う。／力を合わせる。熟語 合体・合意・合計・合同

❷あてはまる。つりあう。例 くつが足に合う。／割に合う。／採算が合う。／この料理にはポン酢が合う。／この服に合うくつをさがす。熟語 合図・合致・合格・適合

❸（動詞の下について）いっしょにすることをあらわす。例 助け合う。／愛し合う。

【あう（▼遭う）】災いなど、よくないできごとにであう。経験する。例 交通事故に遭う。／にわか雨に遭う。／住民の反対に遭う。／ひどい目に遭う。熟語 遭遇・遭難

【あう（▼遇う）】思いがけず、ぐう然にであう。例 転校した友だちと町でばったり遇う。／思わぬ幸運に遇う。熟語 奇遇・不遇 参考 ふつう「会う」と書く。▽常用音訓にはない読み方。

【あう（▼逢う）】約束をしてあう。例 恋人と喫茶店で逢う。／逢引（＝恋人同士がこっそりあうこと）。参考 恋人など、親しい人や待ち望んでいたものとであいに使われることが多い。ふつう「会う」と書く。▽常用漢字外の字。

あおい　青い・蒼い・碧い

【青い】

❶晴れた空のような色をしている。例 青い空。／青い海。／青い服を着ている。熟語 青写真

❷緑色である。例 青いウメの実。／青信号。

❸青は春の色で、「若い」の意味。そこから「経験が少ない」ようすもあらわす。例 自信はあるようだが、まだ考えが青い。／青二才。熟語 青春・青年

【あおい（▼蒼い）】

❶木がたくさんしげってうす暗いようす。例 木が蒼蒼としげる。熟語 鬱蒼

❷血の気のないあおい色をしている。例 顔色が蒼い。／風邪を引いて蒼白い顔をしている。／テストの点が悪くて蒼ざめる。熟語 蒼白

❸あわい月の光をあらわす。例 蒼い月夜の浜辺を散歩する。

参考 ふつう「青い」と書く。▽「山に行くと樹木が（青青、蒼蒼）としげっていた。」とする場合、「青青と」なら、新緑や草などが一面に明るくしげるようすをあらわし、「蒼蒼と」なら樹木などがうす暗くしげるようすをあらわす。▽常用漢字外の字。

【あおい（▼碧い）】

緑がかったあおい色をしている。例 碧い目の少女が転校してきた。／碧い宝石があやしく光る。熟語 碧玉・紺碧

参考 ふつう「青い」と書く。▽常用漢字外の字。

コラム　どんな漢字を使って書けばいいの？

高等学校までに習う漢字は二一三六字で、読み方も定められています。この漢字と読み方のリストを「常用漢字表」と言います。小学校では、このうち一〇二六字を習います。

国などが出す公文書は、この「常用漢字表」に従って書くことになっています。ただし、専門用語や小説などの創作物に、このような制限はありません。色の「あお」は「常用漢字表」では「青」しかありませんが、小説などでは「蒼」や「碧」といった「常用漢字表」にない漢字や音訓を使うこともあります。作家は自分の感じた「あお」をあらわすために、さまざまな漢字を調べて使っているのです。

あからむ　明らむ・赤らむ

【明らむ】

夜が明けて空があかるくなる。例 東の空が明らむと、小鳥たちがさえずり始める。熟語 明朝

【赤らむ】

赤くなる。例 はずかしくて、顔が赤らんだ。／すきな人

のそばに来ると、自然とほおが赤らむ。／リンゴが赤らむ。熟語 赤飯

どっちかな？ ❶紅葉が（明らむ　赤らむ）と、秋が来たと感じる。
❷その男の子は、ほめられて顔が（明らん　赤らん）だ。

あける　明ける・空ける・開ける

【明ける】

❶朝になってあかるくなる。対 暮れる。例 夜が明ける。
⬇【明かす】例 夜を明かす。
❷新しい年になる。対 暮れる。例 年が明ける。
❸ある期間が終わる。例 つゆが明ける。／連休が明ける。／委員長の任期が明ける。／夜勤明け。

【空ける】

❶ものをなくして場所を空にする。対 ふさぐ。例 道を空ける。／家を空ける。／席を空ける。熟語 空地・空家・空室・空席
⬇【空く】例 席が空く。
参考 場所についていう。「明ける」とも書く。

❷中身を全部外に出す。対 つめる。例 かんづめの中身を皿に空ける。熟語 空腹
参考 中に入っているものについていう。
❸空間をつくる。対 ふさぐ。うめる。例 穴を空ける。／一字空ける。熟語 空間・空白
⬇【空く】例 こぶし一個分空く。
参考 できた空間についていう。「一字／二センチメートル分」などのようにすきまの大きさを示すことも多い。
❹ひまをつくる。例 日曜日は空けておいてください。
⬇【空く】例 会議が中止になり、急に時間が空いた。
参考 時間についていう。「日曜日」のような時間のほか「一時間ほど」のようにひまの長さをあらわすことばについてもいう。

【開ける】

戸・窓などを、ひらく。また、店などの業務を始める。対 閉める。閉じる。例 窓を開ける。／ふたを開ける。／口を大きく開ける。／十時に店を開ける。熟語 開口・開店・開閉
⬇【開く】例 ドアが開く。
参考「開ける」と読むと、「ものごとがよい方向や新しい方向に向かう。発展する」の意味になる。

どっちかな？こたえ ❶赤らむ、❷赤らん

あげる
上げる・挙げる・揚げる

【上げる】

❶低い所から高い所へもってゆく。㊀下ろす。下げる。例荷物をたなに上げる。／花火を上げる。

⬇【上がる】例花火が上がる。

❷程度や値打ち・地位などを高くする。㊀下げる。例車が速度を上げる。／成績を上げる。／成果を上げる。

⬇【上がる】例車の速度が上がる。

【挙げる】

❶多くの中から取り上げて示す。例例を挙げる。／候補者の名を挙げる。熟語枚挙・列挙

⬇【挙がる】例代表選手としてかれの名が挙がった。

❷合図などのために、うでを上の方にやる。例賛成の人は手を挙げてください。熟語挙手

⬇【挙がる】例二、三人の手が挙がった。

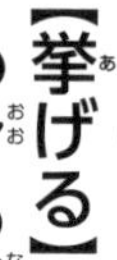

❸儀式を行う。例二人はまもなく結婚式を挙げる。熟語挙行・挙式

❹おこす。例兵を挙げる。熟語挙動・挙兵

【あげる（揚げる）】

❶たこや旗などを、するすると高い所へやる。例国旗を揚げる。／正月にたこを揚げる。熟語揚力・掲揚・高揚

⬇【揚がる】例たこが天高く揚がる。

❷熱した油でにる。例天ぷらを揚げる。

⬇【揚がる】例天ぷらがからっと揚がる。

❸海、川など、水中から陸に移す。船から荷をおろす。例船の積み荷を陸に揚げる。熟語揚陸

⬇【揚がる】例陸に揚がる。／ふろから揚がる。

どっちかな？
❶授業中に手を（上げて　挙げて）発言する。
❷校旗を校庭に（上げる　揚げる）。

あし
足・脚・肢

【足】

❶人や動物が、体を支えたり歩いたりするときに使う部分。特に、足首からつま先までの部分だけを指すこともある。例足が長い。／足をいためる。／足が速い。／足の大きさは、二二センチメートルです。熟語足跡・足首・土足

❷移動手段。交通機関。例廃線（＝鉄道やバスなどの路

どっちかな？こたえ　❶挙げて、❷揚げる

線で営業をやめること）になると足がなくなる（＝交通機関がなくなる）。熟語 足代

【あし（脚）】
❶腰から下の足首までの部分。例 美しい脚のライン。熟語 脚線・脚力
❷物を支える部分。例 つくえの脚がぐらぐらする。熟語 脚立・三脚

【あし（肢）】

ほ乳動物のあしに使う字。例 ヒツジの肢をおさえて、毛をかり取る。熟語 肢体・四肢 参考 常用音訓にはない読み方。

参考 ほ乳動物には「肢」、昆虫には「脚」と使い分けることもある。

コラム いろいろな音読み

ある漢字に対して、昔の中国語の発音を日本語であらわそうとしたのが「音読み」です。

日本には、長江下流の南方地方の発音が先に入り、そのあとで長安や洛陽など西北地方の発音が入りました。それぞれ「呉音」、「漢音」といいます。呉音は「お経」「法衣」「会釈」など、仏教に由来することばに多く残されています。「経（けい）」「衣（い）」「会（かい）」などは漢音です。さらに「椅子」「行灯」などは「唐音」といって、より新しい時代に入ってきた発音です。

あずかる 預かる・与る

【預かる】
❶人にたのまれて、保管する。例 お金を預かる。／留守中、犬を預かる。熟語 預金
⬇【預ける】例 銀行にお金を預ける。
❷まかせられる。例 台所を預かる。
⬇【預ける】例 台所を預ける。
❸その場で決めず、保留する。例 その件は一時預かる。
⬇【預ける】例 この件は、会長に預ける。

【あずかる（与る）】
かかわりをもつ。例 わたしの与り知らぬこと。／おほめに与る。熟語 関与
参考 常用音訓にはない読み方。

あだ 徒・仇

【あだ（徒）】

むだ。また、てぶら。例 ご恩は徒やおろそかにはしません。

熟語 徒手空拳・徒労

【あだ（仇）】

うらむ相手。また、さまたげとなるもの。例 親の仇を討つ。／親切が仇となる。熟語 仇敵

参考 常用漢字外の字。

あたい 価・値

【あたい（価）】
ねだん。例 正当な価で買い入れる。熟語 価格・対価・定価

【あたい（値）】
❶ねうち。かち。例 かばうに値する人間か。／万死に値する。／いいズボンも、あまりすそを切りすぎると値がない。／値千金（＝たいへんねうちがあること）。
❷数量。例 xの値を求める。熟語 数値・平均値
参考 物のねだんの意味でも使う。

あたたかい 温かい・暖かい

【温かい】
❶物の温度が、熱くも冷たくもなくちょうどよいようす。対 冷たい。例 作りたての温かいスープを飲む。／祖母の温かい手にふれる。熟語 温室・温泉・温帯

⬇【温まる】例 コーヒーを飲んで体が温まる。
⬇【温める】例 みそ汁を温める。
❷なさけ深いようす。心がやさしい。例 友人の温かい心を感じる。／温かい家庭。対 冷たい。熟語 温厚・温情・温和
参考 おもに、固体や液体にふれたときに感じるあたたかさについていう。

【暖かい】
気候や温度が、暑くも寒くもなくちょうどよいようす。例 春には暖かい風がふく。／暖かい色合い（＝あたたかい感じのする色のぐあい）のセーターを着る。／この部屋は日当たりがよくて暖かい。／暖かい沖縄。熟語 暖冬・暖房

⬇【暖まる】例 部屋が暖まる。
⬇【暖める】例 室内を暖める。
参考 おもに、気体にふれて全身で感じるあたたかさについていう。▽例文の「風、色合い」については「冷たい」「涼しい」が、「部屋、沖縄」については「寒い」「涼しい」が反対語。

どっちかな？
❶焼きたての（暖かい 温かい）パンを食べる。
❷（暖かい 温かい）土地で暮らしたい。

どっちかな？こたえ ❶温かい、❷暖かい

あつい

暑い・熱い・厚い・篤い

【暑い】

気温が高い。対寒い。例今年の夏は暑い。／寒い地方から暑い地方へ移り住む。／部屋を閉め切っていたので暑い。／暑くなったのでセーターをぬぐ。熟語 暑気・暑中・残暑

参考 気温が高いことを不快に感じる場合に使うことが多い。

【熱い】

❶物の温度が高い。対冷たい。例熱い湯に入って手足をのばす。／熱い砂の上を歩く。熟語 熱量・加熱

❷はげしい気持ちが感じられる。例胸が熱くなる話だ。／熱い応援合戦がくり広げられる。熟語 熱意・熱中・情熱

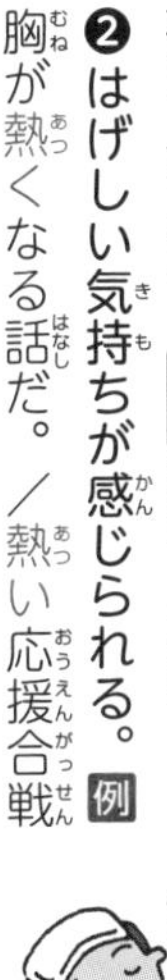

【厚い】

❶ある物の、一つの面とその反対側の面とのはなれ方が大きい。対薄い。例厚い本を読む。／厚く切ったステーキ。熟語 厚着・厚手

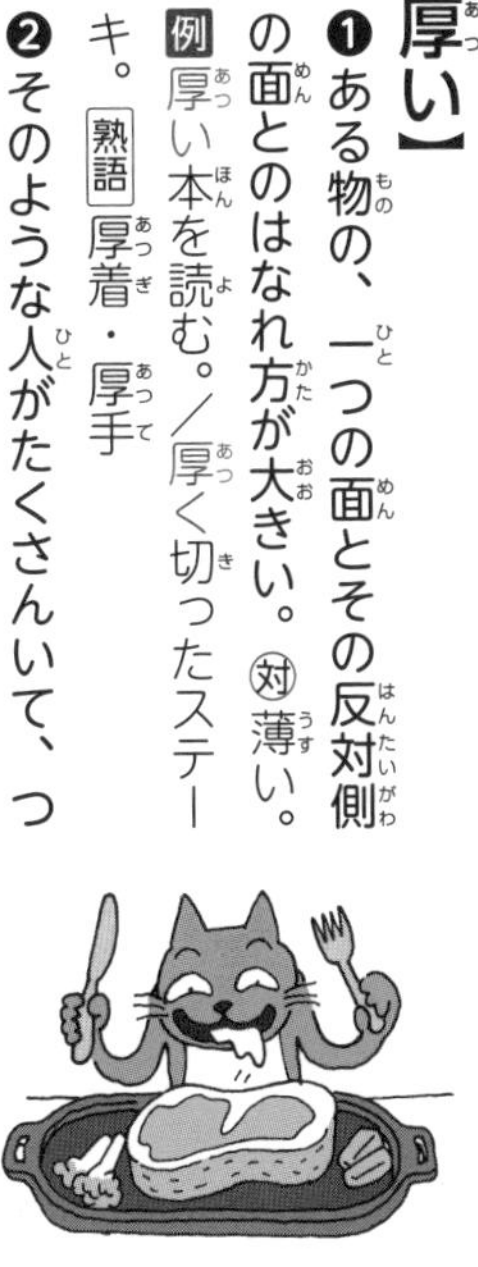

❷そのような人がたくさんいて、つきることがない。対薄い。例選手の層が厚い。

❸心がこもっている。例二人は厚い友情で結ばれている。熟語 厚意・厚情

【あつい〔篤い〕】

まごころや熱意が強い。特に、神や仏を信じる心が深い。また、病気がおもい。例篤いお心遣いに感謝します。／信仰心が篤い。／篤い病。熟語 篤志家・篤実・危篤

参考 まごころなどには、ふつう「篤い」と書く。▽常用音訓にはない読み方。

あてる

当てる・中てる・充てる・宛てる

【当てる】

❶ぶつける。命中させる。対外れる。例ボールを当てる。／的に矢を当てる。

⬇【当たる】例弾が当たる。

参考 命中の意味では「中てる」と書くこともある。

❷ぴったりとくっつける。あてがう。例腰に手を当てる。

❸光・熱などの働きを受けさせる。例タオルを日に当ててかわかす。

⬇【当たる】例日が当たる。

❹仕事や役目をあたえる。例その役目には経験豊富な人を当てる。熟語 担当

↓【当たる】例 警官三人が警備に当たる。例 宝くじを当てる。

❺選ばれて景品を得る。㊟外れる。

熟語 当選・当落

↓【当たる】例 ハワイ旅行が当たる。

❻正しく推測する。㊟外れる。例 答えを当てる。／箱の中身を当てる。

↓【当たる】例 勘が当たる。

【あてる（◆中てる）】

弾や矢を命中させる。㊟外れる。例 よくねらって的に中てる。熟語 的中・百発百中・命中

↓【中たる】例 見事獲物に中たった。

参考 常用音訓にはない読み方。

【あてる（▼充てる）】

ある目的のために使う。例 生活費に充てる。／自習の時間に充てる。熟語 充当

【あてる（▼宛てる）】

手紙や荷物を…にむける。例 母に宛てて手紙を書く。

熟語 宛先・宛名

あと　後・跡・痕・址・蹟

【後】

うしろ。のち。おくれて。また、引きつぐもの。例 後から追いつきます。／後で話しましょう。／後出しはずるい。／後が絶える。熟語 後部・後方・今後・前後

【あと（跡）】

何かがあった、しるし。例 工場の跡に公園ができた。

熟語 跡形・跡地・足跡・遺跡・爪跡

【あと（▼痕）】

傷が治ってできた、あと。例 水ぼうそうの痕が残る。／涙の痕。熟語 痕跡・血痕・弾痕

【あと（▼址）】

特に、建物のあった、あと。例 城の址。

参考 ふつう「跡」と書く。▽常用漢字外の字。

【あと（▼蹟）】

「跡」と同じ。

参考 ふつう「跡」と書く。▽常用漢字外の字。

あな　穴・孔・坑

【穴】

❶表面にできたくぼみ。奥がふさがったあな。例 庭に穴をほる。熟語 穴場・洞穴・墓穴

❷金銭上の損失。例 借金の穴をうめる。

❸あまり知られていない事柄。例 つりの穴場を教えてもらった。

【あな（孔）】
反対側までつきぬけた空間。例 かべに孔をあける。熟語 気孔・通気孔・鼻孔
参考 常用音訓にはない読み方。

【あな（坑）】
地面にまっすぐほったあな。例 鉱山の坑がくずれた。／鉱脈を求めて坑をほる。／書を焼き儒者を坑にうめる。熟語 坑道・炭坑・廃坑
参考 常用音訓にはない読み方。

あぶら　油・脂・膏

【油】

水と混ざらない、燃えやすい液体。例 油でいためる。／油を差す。／天ぷら油。／菜種油。／火に油を注ぐ。／水と油の関係（＝いつも反発し合って、仲良くできない人のたとえ）。／油をしぼる（＝しかる）。熟語 油絵・油分・原油・石油

【あぶら（脂）】

動物のしぼうのこと。また、それが皮ふにしみ出たもの。例 脂ぎった顔。／脂っこい料理。／脂ののったサンマ。／脂取り紙。／ステーキの脂身。熟語 脂質・脂肪・脂汗

【あぶら（膏）】

肉の白い部分。

参考 ふつう「脂」と書く。▽常用漢字外の字。

あやしい　怪しい・妖しい

【あやしい（怪しい）】

気味が悪いようす。また、うたがわしいようす。例 怪しい物音がする。／あの男がどうも怪しい。熟語 怪奇・怪獣・怪談・怪力・妖怪

【あやしい（妖しい）】

ぞっとするような美しさがあって、なやましくなるようす。例 妖しく笑う。／サクラが妖しく咲きみだれる。熟語 妖艶・妖精

あやまる　誤る・謝る

【誤る】
まちがえる。失敗する。例 判断を誤る。／計算を誤る。／住所を誤って書き写す。／身を誤る（＝人としての正しい道から外れる）。熟語 誤解・誤算・誤認
参考 似た意味のことばに「過つ」がある。「過つ」には、「しそこなう」のほかに「まちがって罪を犯す」という意味もある。例 道を過つ。

【あやまる（謝る）】

許してくれるようにたのむ。わびる。例自分が悪いと思ったら、すなおに謝る。／「ごめんなさい」と、相手に謝る。熟語謝意・謝罪・陳謝

参考「謝」には、「わびる」のほかに「ありがたく思う」「お礼」の意味もある。熟語謝礼・感謝

あらい 荒い・粗い

【あらい（荒い）】

❶気持ちや態度などが、らんぼうである。例気性が荒い。／運転が荒い。／人使いが荒い。熟語荒武者

❷勢いがはげしい。例波が荒い。／呼吸が荒い。／絶対負けないと、鼻息が荒い（＝はげしい意気ごみをみせるようす）。

【あらい（粗い）】

すきまが大きくて、密でない。また、おおざっぱで、ていねいでない。対細かい。例あみの目が粗い。／ぬい目が粗い。／タマネギを粗いみじん切りにする。／仕事が粗い。熟語粗雑・粗食・粗暴・粗末・粗略

あらわす 表す・現す・著す・顕す

【表す】

心の中にあるものや内容などを、ある形にして示す。例喜びをことばで表す。／感謝の気持ちを表す。／実験の結果をグラフに表す。熟語表示・表明・発表

↓【表れる】例うれしさが表情に表れる。

参考「表現する」と言いかえられるときは「表す」と書く。

【現す】

今まで見えなかったものが、姿を見せる。例岩のかげからタヌキが姿を現す。／五歳のころから音楽の才能を現す。／ついに正体を現す。熟語現象・実現・体現

↓【現れる】例木のかげから男が現れる。

参考「出現する」と言いかえられるときは「現す」と書く。

【あらわす（著す）】

文章を書き、本にして世の中に出す。例書物を著す。／研究の成果を本に著す。／作家が自伝（＝自分で書いた自分の伝記）を著す。熟語著作・著者・名著

【あらわす（▼顕す）】
善い行いや功績を、世の中の人に示す。例 善行を世に顕す。
➡【顕れる】例 真価が顕れる。
参考 ふつうは「現す」と書く。▽常用音訓にはない読み方。

ある　有る・在る

【有る】

ものをもっている。そなわっている。対 無い。例 財産が有る。／才能が有る。熟語 有益・有害・有罪・国有・所有

【在る】
場所・地位にいる。存在する。対 無い。例 広場に在る銅像。／学校の前に図書館が在る。／政府の要職に在る。／机の中に在る。熟語 在位・在室・実在・不在
参考 「有る」「在る」は、かな書きにする場合が多い。

あわせる　合わせる・併せる

【合わせる】

一つにする。例 友だちと力を合わせよう。／声を合わせて合唱する。熟語 合体・合同・統合

【あわせる（▼併せる）】

二つ以上のものを一つにする。例 二つの小学校を併せて新しい学校にする。熟語 併記・併願・併用

いがい　以外・意外

【以外】

それよりほか。それをのぞいたほかのもの。例 セロリ以外ならどんな野菜も食べられる。／関係者以外の入室を禁止する。／指定された日以外は、ごみを出してはいけない。

参考 「以」は、「～より」「～から」の意味。▽「以内」は、反対語ではない。


【意外】

思っていたことと実際とが、ひどくちがうようす。思いのほか。例 試合は意外な結果に終わった。／南の国だが、意外にすずしい。／兄の意外な一面を見た。

参考 「意」は、「気持ちや心がいっぱいこもること」の意味で、「意中・決意・好意」にも使われる。似た意味のことばに「案外」がある。

いぎ　異義・異議・意義

【異義】
ことばのちがった意味。「同音異義（＝読みの音が同じで意味がちがうこと）」として多く使う。㊀同義。例「以外」と「意外」は同音異義だ。／習った同音異義語を正しく使う。

【異議】
ある考えとちがった考えや意見。特に、不服とする反対意見。例みんなが賛成した意見に異議を唱える。／役所の決定に異議を申し立てる。
参考 似た意味のことばに「異論・異存」がある。

【意義】
ものごとのねうち。価値。例スポーツは、勝ち負けより参加することに意義がある。／学んだことを実行してこそ意義がある。／美化運動の社会的な意義について考える。

いく　行く・往く・逝く

【行く】
❶目的の場所に向かって、進む。例学校へ行く。／妹と買い物に行く。／行き場のないいかり。熟語 進行

❷場所を通り過ぎる。時間が過ぎさる。例通りを行く人々。／行く年来る年。熟語 行年
参考「行く」は、一般的に用いられる表記。「いく」よりも「ゆく」の方があらたまった言い方となる。

【いく（◆往く）】
目的地にいって帰ってくるときの、目的地に向かうこと。例往きは新幹線で、帰りはバスだ。熟語 往診・往復・往路

参考 ふつう「行く」と書く。▽「ゆく」とも読む。▽常用音訓にはない読み方。

【いく（▼逝く）】
死んでいなくなること。例大作家の芥川龍之介が逝く。／祖父は安らかに逝った。／若くして逝く。熟語 逝去・急逝
参考「ゆく」とも読む。

コラム　「行く」は「いく」？「ゆく」？
「行く」は「いく」「ゆく」どちらで読んでもかまいません。ただ、「去りゆく」「ふけゆく」のように動詞についたり、「行く人」「行く年来る年」のように名詞を修飾したりする場合は、多く「ゆく」と読みます。一方、「学校に行った」「行ってきます」のように「っ

た」「って」に続くときには「いった」「いって」になり、「ゆった」「ゆって」とはなりません。

「良い」は送りがな「い」の形では「よい」「いい」どちらにも読みます。しかし送りがな「か」や「く」「け」などの場合は「よ」と読み、「よかった」「よく」「よければ」などとなります。「いい」と発音する場合は、かなで書くほうがよいでしょう。


「言う」は、ふつう「いう」と読みますが、送りがな「う」の場合は「ゆう」と発音されることもあります。「言わない」「言います」「言えば」「言った」など、送りがな「う」以外の形では、ふつう「い」と読みます。

いける　生ける・埋ける

【生ける】

花を花びんなどにさす。例 ユリの花を花びんに生ける。／生け花。

参考 切った花を生かしておく意味から。「活ける」とも書く。

【いける（埋ける）】
土の中にうめる。例 小判の入ったつぼを、庭に埋ける。
熟語 埋蔵・埋没
参考 常用音訓にはない読み方。

いけん　意見・異見

【意見】

考え。例 学級会で意見を述べる。


【異見】

人とちがった考え。例 異見を唱える。

参考 憲法に違反することを「違憲」という。

いさい　異彩・偉才・異才

【異さい（彩）】

ほかとちがい、きわだってすぐれているようす。例 異彩を放つ（＝ほかよりとびぬけてすぐれている）選手。


【い（偉）才】

きわだってすぐれた才能。また、それをもった人。例 フランス料理の偉才。

参考 「異才」とも書くが、「偉才」と書くほうが多い。


【異才】

「偉才」と同じ。

参考 「偉才」と書くほうが多い。

いし　意志・意思・遺志

【意志】 あることをやりとげようとする心。例 強い意志をもって難工事にいどむ。／一度の失敗であきらめるような意志の弱いことではだめだ。
参考 「意思」よりも積極的な意味合いが強い。

【意思】 考え。思っていること。例 話し合って相手の意思を確かめる。／工事に反対の意思を示す。／不注意による事故で、人を傷つける意思はなかった。
参考 法律では、「意志」は使わず、「意思」を使う。

【い（遺）志】 死んだ人が生きていたときにもっていたこころざし。例 父の遺志をついで、山村の医療に取り組む。／祖父の遺志に従って、遺産を全額寄付する。
参考 「遺」には、「死んだあとに残す」という意味がある。

いしゅく 畏縮・萎縮

【い（畏）縮】 おそれのあまり、緊張してちぢこまること。例 畏縮してしまい、うまく話せない。

【い（萎）縮】 しなびてちぢむこと。例 どなりすぎると、子どもが萎縮してしまう。／血管が萎縮する。
参考 「畏」は「おそれる」の意味。「萎」は「しなびる。しぼむ」の意味。

いじょう 異常・異状

【異常】 ふつうとちがっていること。変わっていること。対 正常。例 今年の夏の暑さは異常だ。／異常な行動をとる。／異常なほどにものごとにこだわる。／初の決勝戦進出で異常に興奮する。
参考 「異常な・異常に」は「ふつうの程度をこえてはげしい」という意味もあらわす。

【異状】 ふだんとちがったようす。例 健康診断の結果は異状なしだった。／地震のあと、電車のレールに異状が見つかる。／機内に異状がないか点検する。
参考 「異状」は「異常な状態」の意味。「異状がある」「異状がない」の形で使われることが多い。▽似た意味のことばに「別状」がある。

いぜん 以前・依然

【以前】
❶それよりまえ。㊀以後。例八時以前は開いていない。／江戸時代以前。
❷今よりまえ。昔。例今は海だが、以前は陸地だった。／以前はたくさんとれた。

【い（依）然】

前と同じようす。例注意をしても、態度が依然として変わらない。／旧態依然（＝古いまま）のやり方をしている。

いたむ
痛む・傷む・悼む

【痛む】
体にいたみを感じる。心に苦しみを感じる。例虫歯が痛んで物が食べられない。／頭がずきずきと痛む。／悲しい話を聞くと胸が痛む。／悪いことをしたと良心が痛む。熟語痛手・痛感・痛切
参考「心が傷ついた」という意味をあらわす場合には「心が傷む」とも書く。

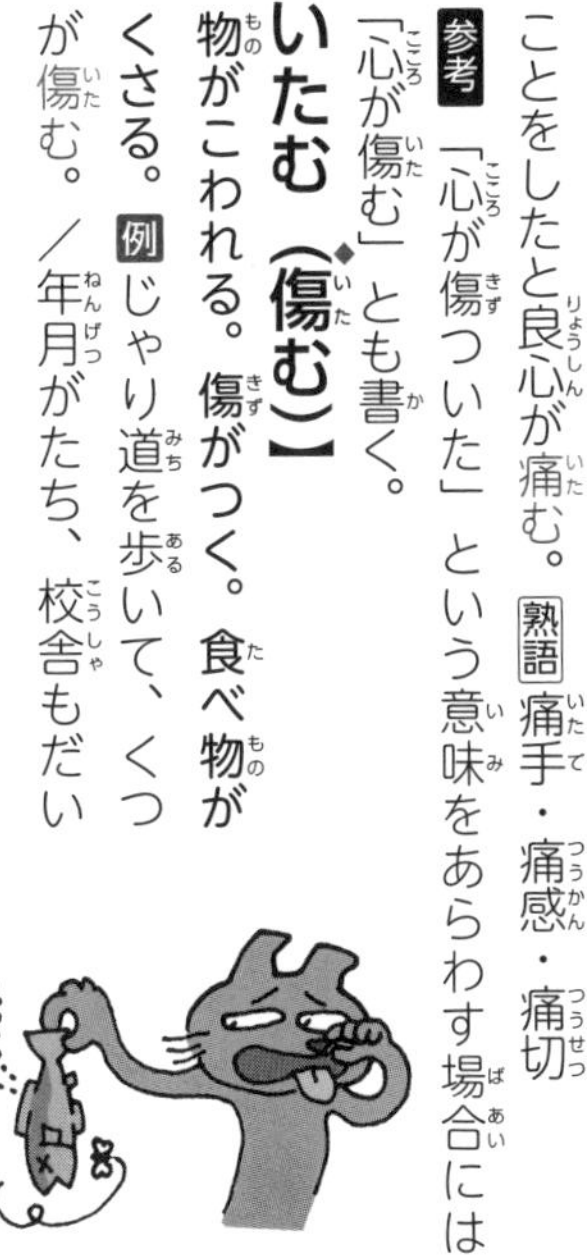

【いたむ（傷む）】
物がこわれる。傷がつく。食べ物がくさる。例じゃり道を歩いて、くつが傷む。／年月がたち、校舎もだいぶ傷んできた。／台風にあって、リンゴが傷む。／傷みやすい物から先に食べる。熟語傷口・傷心・傷兵・損傷

【いたむ（悼む）】

死をなげき悲しむ。例勇かんな若者の死を悼む。／ずっといっしょだった愛犬の死を悼む。熟語悼辞・哀悼・追悼

いちどう
一同・一堂

【一同】

その場にいるすべての人。例一同、礼。／一同を見わたす。／従業員一同、心よりお待ちしております。


【一堂】

同じ建物。例またこうして、一堂に会する（＝多くの人が一つの場所に集まる）ことができた。

いちり
一理・一利

【一理】

一つの道理。正しいすじ道。例息子のことばにも一理ある。

【一利】
一つの利益。例百害あって一利なし（＝悪いところばか

りで、ためになることは一つもない)。

いっかく　一角・一画

【一角】

❶一つのかど。 例 三角形の一角の角度を測る。

❷ある場所や建物などの一部分。片すみ。 例 山あいの町の一角にぼくの小学校はある。／これは氷山の一角だ(=見えていることは全体の一部分にすぎない)。／優勝候補の一角をくずす。

【一画】

❶土地などの一区切り。一区画。 例 不動産会社が売り出した分譲地の一画を買って、自分の家を建てる。

❷漢字をかたちづくっている一本の線。 例 一点一画をていねいに書くと、よい字になる。

どっちかな? ❶図書館の本だなの（一角　一画）を占める、ミステリー小説。
❷文字の（一画一画　一角一角）をおろそかにせず書く。

いっかん　一巻・一貫・一環

【一巻】

一つの巻物。二巻以上あるものの一つ。 例 読みたかったシリーズの第一巻がだれかに借りられている。／一巻の終わり(=すべてが終わること。死ぬこと)。

【一かん(貫)】

始めから終わりまで、一つの方針・考え方などでとおすこと。 例 一貫して主張を曲げない。／中高一貫の教育。／一貫性のある考え方。

【一かん(環)】

たがいに関係をもつものの一つ。 例 防災対策の一環として、公園をつくる。

いっしん　一心・一身・一新

【一心】

一つのことだけに心を集中すること。 例 合格を一心にいのる。／助かりたい一心で、無我夢中で走る。

参考 「一心同体(=みんなが身も心も一つにして結びつくこと)」という四字熟語もある。

【一身】

自分の体。自分ひとり。 例 平和の実現のために一身をささげる。／みんなの期待を一身に集める。／一身上の都合で仕事をやめる。

参考 「一心同体」を「一身同体」と書きまちがえやすい

どっちかな？こたえ　❶一角、❷一画一画ので注意。


【一新】

すっかり新しくなること。すっかり新しくすること。例 部屋のもようがえをして気分を一新する。／メンバーを一新して、チームの立て直しをはかる。

参考 「一新」の「一」は、「すべて」の意味。

いっせつ　一節・一説

【一節】

文章や音楽の一区切り。ある部分。例 その小説の一節を引用する。／教科書の一節を声に出して読む。


【一説】

一つの意見。一つの学説。例 一説によれば、体長二〇メートルにもなるという。

いどう　異同・異動・移動

【異同】

ものを比べたときのちがい。ことなったところ。例 「ヤモリ」と「イモリ」の異同を調べる。／「チョウ」と「ガ」の異同を説明した本。／原作と映画では細かい異同がある。


【異動】

会社や組織などで、地位やつとめる場所などが変わること。例 本社から支社への異動を命じられる。／春の異動で、新しい校長先生がやってくる。／東京本社から大阪支社に異動する。

参考 これまでとは異なった動きが生じるという意味から。


【移動】

動いて場所が変わること。また、動かして場所を変えること。例 わたり鳥が北から南へ移動する。／観光地を車で移動する。／机を窓ぎわに移動する。／明日は移動性高気圧におおわれて天気がよくなる。

参考 「移動」は、「移り動く」と訓読みすると意味がわかる。

いやしい　卑しい・賤しい

【いやしい（▼卑しい）】

品性がおとっている。例 みんなでやったのに自分だけもうけようとは、卑しい考えだ。／卑しいことばづかい。／食べ物に卑しい。熟語 卑屈・卑劣・野卑

【いやしい（▼賤しい）】

地位が人よりおとっている。身分が低い。例 賤しい身分。熟語 賤民・貴賤

いよう　威容・偉容

【い（威）容】人を圧倒するような、いかめしい姿。例 町を見下ろすかのように、城が威容をほこっていた。

【い（偉）容】大きくて堂々とした姿。例 巨大ビル群が偉容を見せつける。

参考 新聞では「威容」を使う。

いる　入る・居る・要る

【入る】❶「入る」の古い言い方。対 出る。例 飛んで火に入る夏の虫（＝自分から進んで危険なことにかかわる）。熟語 入選・入念・加入

参考 ふつうは「はいる」が使われる。「いる」は、ことわざや複合語の中などで使われることが多い。例 入り江。

❷ある状態になる。例 連続で満点をとって、悦に入る。／話が佳境に入る。

❸動詞（動きをあらわすことば）の下について、意味を強める。例 すっかり満足して、ぐっすりと寝入る。／すばらしい歌声に聞き入る。／ぼそぼそと消え入りそうな声で答えた。

【居る】人や動物がそこにある。例 父は家に居ます。／木の枝に鳥が居る。熟語 居心地・居室・居住

【いる（要る）】ないと困る。必要である。例 遠足のおやつを買うために、お金が要る。／放課後、教室に残るときは、先生の許可が要ります。熟語 重要・需要・必要

どっちかな？ ❶消防車にはホースが（入る　要る）。❷この贈り物は、ずいぶんと念の（入った　要った）包装だなあ。

いれる　入れる・容れる

【入れる】❶外から中へ移す。おさめる。対 出す。例 ランドセルにノートを入れる。熟語 入庫・納入・輸入

❷（あかり・電気などを）つける。対 消す。例 あかりのスイッチを入れる。

【いれる（容れる）】物をいれる。包んでいれる。例 ふかしいもをおしゃれな器に容れて客に出すと、ぜいたくな料理に見えた。／

どっちかな？こたえ　❶要る、❷入った

三百人を容れる体育館。／忠告を容れる。▽常用音訓にはない読み方。

参考 ふつう「入れる」と書く。

いんたい　引退・隠退

【引退】
今までの仕事や地位からはなれること。例 サッカー選手を引退する。

【いん(隠)退】
社会的な活動をやめ、しずかに暮らすこと。例 祖父は役職を退き、ふるさとに隠退している。

参考 「引」は、しりぞくこと。「隠」は、かくれること。「引退」がただ身を引くことを言うのに対し、「隠退」はしずかに暮らすことに重点を置く言い方。

うける　受ける・承ける

【受ける】
受けとめる。応じる。例 ボールを受ける。／試験を受ける。
熟語 受験・受講・受信
➡【受かる】例 試験に受かる。

【うける(承ける)】
あとを引きつぐ。例 父の思いを承けて家業をがんばろう。
熟語 継承

参考 「承ける」は、ふつう「受ける」と書く。▽常用音訓にはない読み方。

うける　享ける・請ける

【うける(享ける)】
自然にさずけられる。例 天から生を享ける。熟語 享受・享有

参考 「享ける」はふつう「受ける」と書く。▽常用音訓にはない読み方。

【うける(請ける)】
注文を引きうける。例 印刷の仕事を請ける。熟語 請負・下請け

うつ　打つ・討つ・射つ・伐つ・拍つ・撃つ

【打つ】
❶強く当てる。強くたたく。例 机の角で頭を打つ。／四番打者がヒットを打つ。／柱にくぎを打つ。熟語 打撃・強打
❷感動させる。例 先生から、心を打つ

つ話をうかがう。／その少女の一言が、世界中の人々の胸を打った。

❸あるものごとを行う。例お祝いの電報を打つ。／メールを打つ。熟語打電

【うつ（討つ）】

敵を殺す。せめてほろぼす。例親のかたきを討つ。／桃太郎がおにを討つ。／若武者が敵の大将を討つ。／城にせめ入って敵の兵を討つ。熟語討伐・征討

参考時代劇などの場面で使うことが多い。

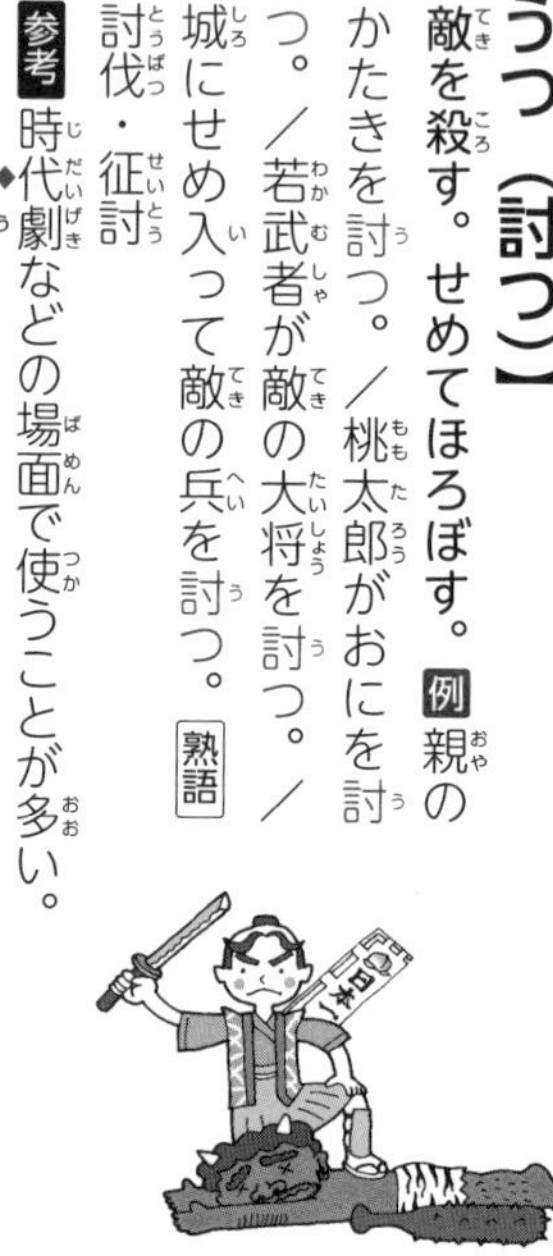

【うつ（射つ）】

弓矢や鉄砲などを、的に向かって発射する。熟語射程・射的・応射

参考ふつう「撃つ」と書く。▽常用音訓にはない読み方。

【うつ（伐つ）】

敵をせめほろぼす。熟語征伐

参考ふつう「討つ」と書く。▽常用音訓にはない読み方。

【うつ（拍つ）】

てのひらをたたき合わせて音をたてる。例ぱんぱんと手を拍つ。／かしわでを拍つ。熟語拍手・拍子

参考ふつう「打つ」と書く。▽常用音訓にはない読み方。

【うつ（撃つ）】

❶**鉄砲などのたまや弓矢の矢を発射する。**例的をねらってピストルを撃つ。／鉄砲でイノシシを撃つ。／犯人にじゅうで撃たれる。熟語射撃

❷**こうげきする。**例敵をむかえ撃つ。熟語撃退・撃破・攻撃・打撃

うつす

移す・遷す・写す・映す

【移す】

❶**動かしてちがう場所や状態に置く。**例住所を東京から横浜に移す。／席を窓辺に移す。／関心を移す。熟語移設・移動・移民

❷**病気などを感染させる。**例かぜを移す。参考病気を「うつす」はふつうかなで書く。

➡【移る】例本社が、東京から横浜に移る。

【うつす（遷す）】

首都や宮殿を、別の場所に動かす。地位が変わる。例都を京都に遷す。熟語遷都・左遷・変遷

➡【遷る】例オーストラリアの首都は、メルボルンからキャンベラに遷った。

参考「移す」で代用することが多い。▽常用音訓にはない読み方。

【写す】

❶**文章や絵を、もとのままにかきとる。** 例友だちのノートを借りて写す。／図案をなぞって写す。／転居のお知らせにある住所を住所録に写す。

❷**写真にとる。** 例カメラで祭りの光景を写す。 熟語 写生・描写・複写・接写

⬇【写る】例父が写真に写る。

参考「写真を写す」は「写真をとる」ということが多い。

【映す】

❶**光の反射で、物の形や色をほかの物の上に現す。** 例鏡に顔を映す。／富士山が姿を湖面に映す。 熟語 映像

⬇【映る】例鏡に顔が映る。

❷**映像をスクリーンや画面の上に現す。** 例映画を映す。／スライドを映す。 熟語 映写機・上映・反映

⬇【映る】例やっとテレビが映るようになった。

うむ　生む・産む

【生む】

たんじょうする。新しくつくり出す。 例オリンピックで新しい記録を生む。／利益を生む。 熟語 生誕・出生・発生

⬇【生まれる】例カエルはたまごから生まれる。

【産む】

子どもを母親の腹から外へ出す。出産する。 例産院で赤ちゃんを産む。／ニワトリがたまごを産む。 熟語 産婦人科・産卵・安産

⬇【産まれる】例男の子が産まれた。

参考 動物も人間も出産に重点を置く場合は「産む」。人間が子どもをもうける（得る）の意味では、ふつう「生む」を使う。ものごとには「生む」が使われる。

どっちかな? ❶ゴッホが（生んだ　産んだ）絵画のけっさく。
❷となりのネコが三びきの子を（生んだ　産んだ）。

うんこう　運行・運航

【運行】

❶**電車やバスがふつうどおりに動いていること。** 例地震はあったが、電車はいつもどおりに運行している。／電車の運行状況をお知らせします。

❷**天体が決まった道を進むこと。** 例惑星は太陽のまわりを、だ円形をえがいて運行する。

【運航】

船や航空機が決まった航路を進むこと。 例台風で止まっ

どっちかな？こたえ　❶生んだ、❷産んだ

ていた旅客機の運航が再開した。

どっちかな？ ❶羽田空港からヨーロッパ各都市への（運行　運航）が開始される。
❷地震のため、電車は（運行　運航）本数を減らして運転している。

えいき　英気・鋭気

【英気】 すぐれた才能や性質。また、元気。気力。例 英気を養う。

【えい（鋭）気】 するどくて強い意気ごみ。例 鋭気に満ちた目つき。／鋭気をくじく。

える　得る・獲る

【得る】 ❶手に入れる。自分のものにする。例 働いて収入を得る。／夏休みの自由研究のために実験データを得る。熟語 得点・得票・習得・取得
❷（動詞の下について）「できる」の意味をあらわす。例 そんなことはあり得ない。／ほほえみを禁じ得ない。
❸好ましくないものを身に受ける。例 緊張がゆるんで、病を得る。／罪を得る。
参考 「得る」と書いて、古い時代のことばで「うる」と読む場合もある。例 かれが学級委員長になることも、あり得る。事故のないように、考え得るすべての対策をとる。

【える（獲る）】（かりや漁などでけものや鳥、魚を）つかまえる。例 海に糸をたらして、見事なタイを獲た。熟語 獲物・捕獲
参考 ふつうは「得る」と書く場合でも、「勝ち取る」意味を強調して、「獲る」と書くこともある。例 戦利品のプレミアムカードを得（獲）る。

おう　追う・負う

【追う】 ❶おいかける。対 にげる。例 兄のあとを追う。熟語 追跡・追走・追尾
❷ほかのところに行かせる。おいはらう。例 犬に追われる。／牛がしっぽでハエを追う。／社長の地位を追われる。熟語 追放
❸順序にしたがって進む。例 事件のあらましを順を追って話す。

どっちかな？こたえ ❶運航、❷運行

参考「仕事に追われる」は、仕事が次々に発生していそがしいようすをいう。

【負う】
❶背中にのせる。せおう。例荷物を負う。
❷自分の身に引き受ける。例失敗の責任を負う。／傷を負う。熟語負担
❸おかげを受ける。例成功は、兄の協力に負うところが大きい。

コラム　おわれてみたのは……

童謡の「赤とんぼ」の歌詞に「おわれてみたのはいつのひか」という一節があります。これを「追いかけられて見た」という意味だと考えている人がいるかもしれません。でも、これは漢字で書くと「負われて見た」で、「わたしが背負われて、夕焼け空に舞うトンボを見た」という意味です。

同じように勘違いされやすいものとして、「ふるさと」の「うさぎおいしかのやま」という歌詞があります。これは「ウサギを追いかけた、あの山」という意味で、「ウサギおいしい」と歌っているわけではありません。

おうじ　王子・皇子

【王子】

王や王族の息子。対王女。例幸福な王子。／白馬の王子さま。


【皇子】

天皇の息子。対皇女。例中大兄皇子。

参考天皇になることを約束された皇子を「皇太子」という。

おおがた　大形・大型

【大形】

形やもようが大きいこと。対小形。例アサガオが大形の花をさかせる。／大形のカブトムシ。／大形の封筒。


【大型】

何か基準があって、それに比べて大きいこと。対小型。例大型バスに乗って遠足に行く。／大型冷蔵庫。／大型台風。／大型テレビ。／大型新人。


どっちかな？
❶（大型　大形）犬は散歩が大変だ。
❷ヤツデの葉は（大型　大形）です。

おかす　犯す・侵す・冒す

【おかす（◆犯す）】

どっちかな？こたえ　❶大型、❷大形

決まりをやぶる。例 法を犯す。／罪を犯す。／過ちを犯す。
熟語 犯行・犯罪・知能犯

【おかす（侵す）】

よその土地に入りこむ。また、人の権利をきずつける。例 隣国が国境を侵す。／人権を侵す。熟語 侵害・侵攻・侵入・侵略

【おかす（冒す）】

むりに行う。例 死の危険を冒す。熟語 冒険

おくる　送る・贈る

【送る】

物や人をほかのところに運び届ける。例 荷物を送る。／駅まで友だちを送る。熟語 送金・送付・送料

【おくる（贈る）】

人に物をあたえる。例 記念品を贈る。／花束を贈る。

熟語 贈答・贈与・寄贈

おくれる　後れる・遅れる

【おくれる（後れる）】

やる気が出ず、気持ちがのらない。例 高い所から飛び降りるのは気後れしてこわい。／大会で友だちに後れを取らないように全力を出す。


【おくれる（遅れる）】

時間にまにあわない。ちこくする。おそい。例 遊んでいて授業に遅れ、先生にしかられる。／電車に乗り遅れる。／流行遅れの洋服を着る。熟語 遅延・遅刻・遅配

参考 「後れる」は「おそくてほかのものより後になる」意味で、「時計が後れる」「流行に後れる」のようにも言える。しかし「気後れする」「後れを取る」など以外では「遅れる」を使うことが多い。

おこす　起こす・興す

【起こす】
❶横になっている物を立てる。例 ベッドから体を起こす。熟語 起立
⬇【起きる】 例 転んでもただは起きない（＝失敗しても、何か利益を得ようとする）。
❷ねている人の目を覚まさせる。例 朝七時に弟を起こす。熟語 起死回生・起床
⬇【起きる】 例 日の出とともに起きる。

❸ものごとを始める。発生させる。例 戦争を起こす。交通事故を起こす。／やる気を起こす。熟語 起源・起承転結・起点・発起

↓【起きる】例 駅前で事件が起きる。

↓【起こる】例 静かな村に事件が起こった。

【おこす（興す）】

❶勢いをさかんにする。例 観光事業で国を興す。／商店街を興すために地元の人たちが知恵をしぼる。熟語 興亡・興隆・復興

↓【興る】例 文明が興る。

❷事業などを新しく始める。例 新しい事業を興す。／おじがゲームソフトの会社を興す。熟語 興業

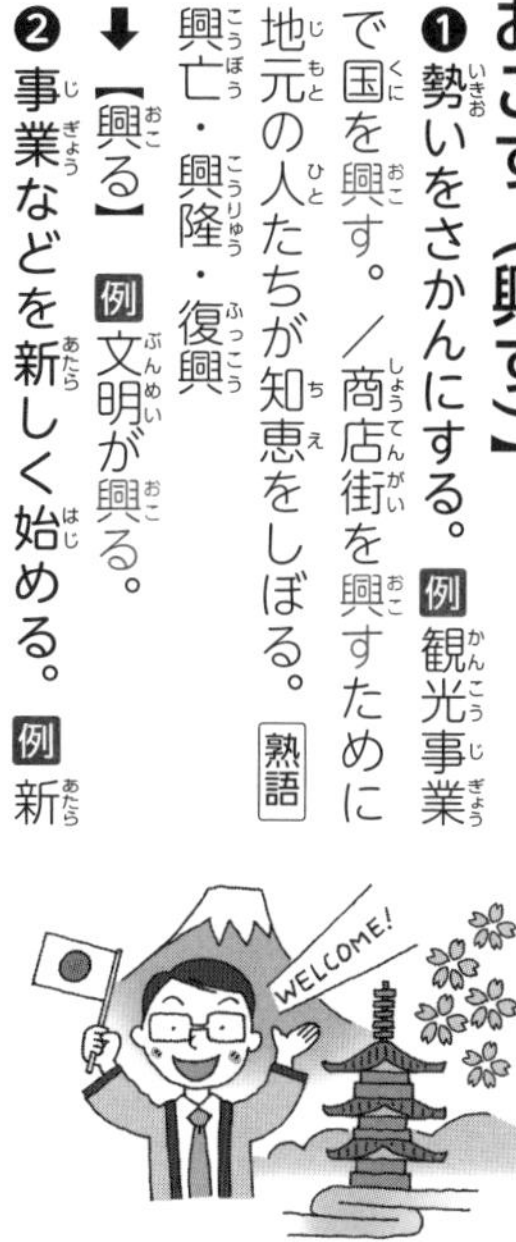

おさえる

押さえる・抑える

【おさえる（押さえる）】

❶動かないように力を加えて、おす。例 手でとびらを押さえる。／文ちんで紙のはしを押さえる。熟語 押印

❷（ものごとの大事なところを）しっかりと理解する、つかむ。例 要点を押さえて、勉強する。／弱点を押さえて、苦手をこくふくする。

❸手をつけさせないように、しっかりとつかむ。確保する。例 借金が返せない人の物件を差し押さえる。／チケットを押さえる。／証拠を押さえる。熟語 押収

【おさえる（抑える）】

（動こう、にげよう、増えようなどとするものや勢いのあるものを）どうにかして食い止める。表面に出ないようにする。例 シカの数が増えるのを抑えて、生態系を保つ。／町内運動会で大人を抑えて一位になる。／うれしさを抑える。／いかりを抑える。／物価の上昇を抑える。／あまみを抑えた上品な味。熟語 抑圧・抑止・抑制

参考 送りがなに気をつけよう。「押さえる」は「押す」が変化したものなので、送りがなは「さえる」だが、「抑える」は「える」と送る。

コラム 頭をおさえる

「頭を押さえる」なら、力を加えておさえる意味。手をあてるという意味でも使います。「頭を抑える」なら、ある行動を思いとどまらせて動けないようにする意味となります。

例 動こうとする子犬の頭を押さえる。目頭を押さえる。

例 スタートからライバルに頭を抑えられて、優勝は、はるかかなたとなった。

おさめる

収める・納める・修める・治める

【収める】

❶きちんと中に入れる。しまいこむ。例ミカンを箱に収める。／作文を文集に収める。／声をレコーダーに収める。熟語収蔵・収納・収録

↓【収まる】例全部一箱に収まった。

❷自分のものにする。例勝利を収める。／利益を収める。熟語収益・収入

参考「もめごとを収める（＝しずめる）」という使い方もある。

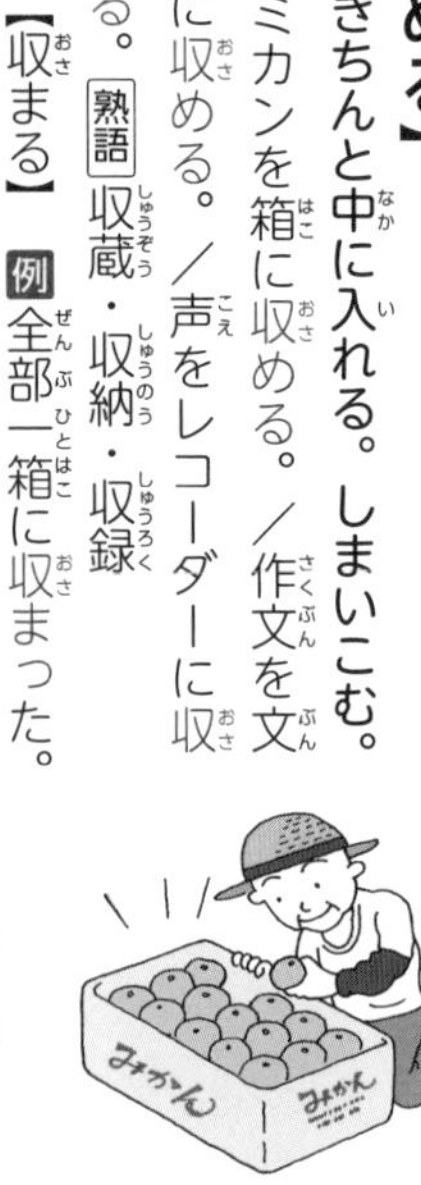

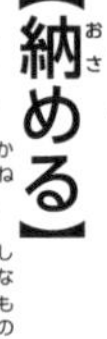

【納める】

❶お金や品物を、ほかの人にさし出したりわたしたりする。例税金を納める。／会費を納める。／注文の品を納める。熟語納税・納入・納品・奉納

↓【納まる】例注文の商品が納まる。／税金が国庫に納まる。

❷終わりにする。例手にしたせんすを閉じて、おどりを納める。熟語納会・見納め

【修める】

❶勉強して、自分のものにする。例大学で学問を修める。／留学して語学を修める。／先生についておかしづくりの技術を修める。熟語修学・修行・研修

❷心や行いを正しくする。例親に心配をかけないよう、身を修める。熟語修道・修養

↓【修まる】例素行が修まらない。

【治める】

❶政治を行う。例国を治める。熟語政治・治外法権・統治

↓【治まる】例国が治まる。

❷みだれをしずめる。落ち着かせる。例クラスのもめごとを治める。／注射で痛みを治める。熟語治癒・治療・完治

↓【治まる】例争いが治まる。／痛みが治まる。

参考「もめごとを治める」は、「収める」とも書く。

おじ

伯父・叔父・小父

【おじ（▼伯父）】

父や母の男の兄弟で、父母の兄にあたる人。または父や母の姉と結婚している男の人。対伯母。叔父。例母が小

さいころ、伯父は、よく母の宿題をみてくれたそうだ。


【おじ（叔父）】

父や母の男の兄弟で、父母の弟にあたる人。または父や母の妹と結婚している男の人。対 叔母。伯父。例 母は中学生のころ、小学生だった叔父のめんどうをみたという。


【おじ（小父）】

よその四十才、五十才代ぐらいの年ごろの男性を、親しみをこめて呼ぶことば。対 小母。例 となりの小父さんに、あいさつをする。

参考 「小父さん」は、「おじさん」とかなで書くことが多い。
▽「伯父」「叔父」は、常用漢字表付表に示された読み方。

おどる　踊る・躍る

【おどる（踊る）】

リズムに合わせて、おどりをおどる。例 フラダンスを踊る。／盆踊りを踊る。熟語 舞踏・舞踊

【おどる（躍る）】

はねあがる。とびあがる。また、わくわくする。例 波間に魚が躍る。／胸が躍る。／血わき肉躍る（＝興奮して高ぶる）。熟語 躍進・躍動・跳躍・飛躍

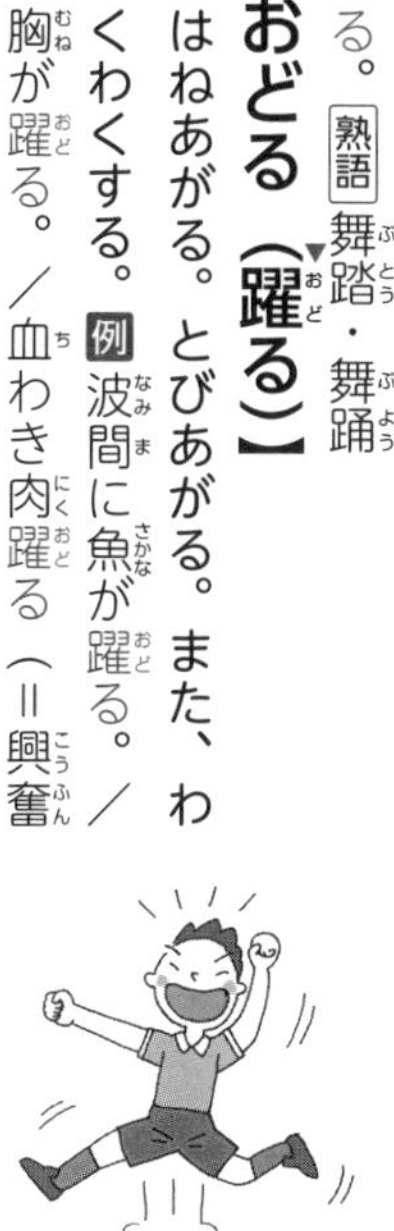

おば　伯母・叔母・小母

【おば（伯母）】

父や母の女の兄弟で、父母の姉にあたる人。または父や母の兄と結婚している女の人。対 伯父。叔母。例 父方の伯母はアメリカに住んでいる。


【おば（叔母）】

父や母の女の兄弟で、父母の妹にあたる人。または父や母の弟と結婚している女の人。対 叔父。伯母。例 母方の叔母は、母の兄弟の中で一番若いので、まだ学生です。


【おば（小母）】

よその四十才、五十才代ぐらいの年ごろの女性を、親しみをこめて呼ぶことば。対 小父。例 となりの小母さんに、あいさつをする。／給食の小母さんにお礼の手紙を書く。

参考 「小母さん」は、「おばさん」とかなで書くことが多い。
▽「伯母」「叔母」は、常用漢字表付表に示された読み方。

おもて　表・面

【表】

❶物の二つの面のうち、上・前・外側になるほう。㊠裏。例ショーウインドーの表をかざる。／着物の表を太陽の光に当てないように干す。／たたみの表。／表に松かざりをかざる。熟語表紙・表面・表裏

❷ものごとの表面にあらわれたようす。うわべ。見かけ。㊠裏。例「表をかざるだけでなく、内面もみがいてこその美しさです」と先生は言う。熟語表現・表情・表層

❸正式なこと。たてまえ。㊠裏。例塾へ通う表向きの理由は勉強のためだが、本当は仲のいい友だちに会うためだった。／不祥事が表ざたになる。

❹野球の試合で各回の前半。㊠裏。例九回の表で逆転ホームランを打つ。

❺家の外。例家にばかりいないで、表で遊んでいらっしゃい。

【おもて（◆面）】

❶顔。例ふいに面をあげてにらみつける。熟語面影・面会・仮面・顔面

❷表面。例湖の面が光る。熟語外面・川面・表面・路面

おりる　下りる・降りる

【下りる】

❶上から下へ移る。㊠上がる。例階段を下りる。／山を下りる。／ゆっくりと幕が下りる。熟語下校・下山・南下・落下

➡【下ろす】例荷物を下ろす。

参考階段の場合は、「降りる」とも書く。

❷役所や目上の人から許可やお金があたえられる。例建築の許可が下りる。／市から補助金が下りる。

参考似た意味のことばに「下る」がある。「下る」の反対語は「上る」。

【降りる】

❶乗り物から出る。㊠乗る。例バスから降りる。／次の駅で電車を降りる。熟語降車・乗降

➡【降ろす】例次のバス停で降ろしてください。

❷職をやめる。役柄を断る。例会長の座を降りる。／主役を降りる。／仕事を降りる。熟語降板

➡【降ろす】例演技がまずくて主役を降ろされる。

❸つゆやしもがあらわれる。例草の葉につゆが降りる。／しもが降りて寒い。熟語降雨・降水量・降雪

参考船の場合は、「船を下りる」と書くことが多い。

どっちかな?
❶飛行機から（下りる　降りる）。
❷荷物を山から（下ろす　降ろす）。
❸劇の主役を（下ろされた　降ろされた）。

おる　折る・織る

【折る】
❶曲げて重ねる。また、そのようにして形をつくる。例 指を折って数える。／新聞紙を二つに折る。／色紙でつるを折る。
❷曲げて切りはなす。例 木の枝を折る。／骨を折る。
熟語 折半
参考 「骨を折る」には、「骨折する」という意味のほかに、「苦心して一生懸命にする」という慣用句としての使い方もある。

【織る】
糸を縦と横に組み合わせて、布などをつくる。例 絹糸で布を織る。／美しいじゅうたんを織る。／アサのせんいで織った布。／しま模様の布地を織る。熟語 織物・織女・織機
参考 「織物」という語や、「博多織・西陣織」などのように織物につけられた名前には、送りがなをつけない。

おんじょう　恩情・温情

【恩情】

下の者や弱い人に対するなさけぶかい、いつくしみの心。例 先生の恩情にむくいる。／親の恩情ほどありがたいものはない。／敵に恩情をかける。


【温情】

思いやりのある、あたたかい心。例 先生から温情あふれるおことばをいただく。／古い友だちの温情にすがる。

かい　会・回

【会】
❶多くの人が集まること。また、その集まり。例 お誕生日会を開く。／学級会で委員を決める。熟語 会合・会食
❷ある目的のために人が集まってつくった、団体。例 同好会。／町内会。／里山の自然を守る会。

【回】

あることがくり返し行われるときの、その一区切り。例 十回以上くり返し書いて覚える。／二重とびを五十回とべる。／三回目でやっと成功した。／回を重ねるごとに、うまくなっていく。熟語 回数・次回・毎回

どっちかな？こたえ　❶降りる、❷下ろす、❸降ろされた

どっちかな？ ❶なわとびで二重とびが十（会　回）できるようになった。
❷学級（会　回）で話し合って決める。

かいか　開花・開化

【開花】 ❶花が開くこと。例 今年のサクラは開花が早い。
❷（花が開くように）ものごとの成果が、外にあらわれること。例 かれの画家としての才能が開花する。／努力が開花する。

【開化】 人々の知識が広がり、世の中が進歩すること。例 江戸時代から明治時代になり、西洋の文明がなだれこんできたことを文明開化という。

がいこう　外交・外向

【外交】 ❶外国とのつきあいや話し合い。例 会議で外交問題を話し合う。／外交官をこころざす。
❷銀行・保険会社・商社などで外に出て、品物の宣伝をしたり、取り引きをしたりする仕事。また、その仕事をするかかり。例 保険の外交員に新しい保険の説明を受ける。

【外向】 気持ちが外に向いていること。積極的。対 内向。例 中村さんは外向的な性格で、すぐに友だちができる。
参考 「外交」には「社交」と同じ意味合いもある。▽「社交辞令」「外交辞令」はどちらも形だけで口先だけのほめことばのこと。

かいしん　改心・改新・会心

【改心】 自分のしてきたことが悪かったと気づいて、心を入れかえること。例 これからは改心してまじめに働きます。／悪人を改心させる。／いたずらをするたびにしかったが、弟はちっとも改心しない。

【改新】 古いやり方をやめて、新しくすること。例 大化の改新。

【会心】 自分のしたことを心から気に入って、満足すること。例

どっちかな？ こたえ　❶回、❷会

九回の裏に、会心の逆転ホームランを打つ。／今度の作品は、デザインといい、色といい、わたしの会心の作だ。／うまくいったと会心の笑みをうかべる。

参考 「会心」の「会」は、「(心に)かなう(＝自分の思いのとおりになる)」という意味。▽「会心」を「快心」と書きまちがえないように。

かいそう　海草・海藻

【海草】 海の中に生える、花をつける植物。根、くき、葉の区別がある。イトモ、アマモなどがある。**例** 日本では古くから海草を使って海水から塩をつくった。

【海そう(藻▼)】 海の中に生える、花をつけない植物のこと。岩にくっつくための根はあるが、くき、葉の区別がない。ワカメ、コンブ、テングサ、ヒジキなどがある。**例** 好物は海藻サラダです。

参考 一九八一年までは、国民が覚えなくてはいけない漢字に「藻」の字が入っていなかったため「海藻」を「海草」と書くこともあった。今は常用漢字に「藻」の字があるので、このように使い分ける。

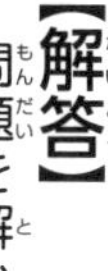

かいてい　改定・改訂

【改定】 決まりや数字などをあらためること。**例** 電車の時刻表を改定する。／運賃を改定する。／学校の決まりを改定する。／常用漢字の改定。

【改てい(訂▼)】 本や文章の内容を変えたり、誤りを直したりすること。**例** 教科書を改訂する。／この辞典の改訂版が出版される。

かいとう　回答・解答

【回答】 質問に対してこたえること。返事。**例** アンケートに回答する。／市役所に問い合わせたら、翌日回答があった。／読者からの質問に回答する。

参考 「アンケート」と「質問」には「回して答える」と覚えておこう。

【解答】 問題を解いてこたえること。また、問題の正しいこたえ。**例** 問題が難しくて、解答するのに時間がかかった。

／あのタレントは、クイズ番組の解答者をしている。／解答を書くらんをまちがえてしまった。

参考 テレビ番組では「回答」も多く使われる。

かいどう 海道・街道

【海道】 海沿いの道。例 東海道は東海地方の代表的な道で、昔から東京と京都を結んでいる。／瀬戸内しまなみ海道。

【かい（◆街）道】 国じゅうに通じている交通上大切な陸上の道。例 日光街道。／奥州街道。／街道沿いに大型店が立ちならぶ。

かいふく 回復・快復

【回復】 もとのとおりになること。例 台風で止まっていた新幹線のダイヤが回復する。／疲労回復の薬。

【快復】 病気がなおること。例 病気が快復するまでしずかに休む。

参考 「開腹」は、手術のときメスでおなかをあけること。

かいへん 改変・改編

【改変】 内容をあらため、もととちがった形にすること。例 生徒会の制度を改変する。／コンピューターのデータを改変する。

【改編】 一度、編成した（整理してつくりあげた）ものを、ばらばらにしてあらためてつくり直すこと。特に書物や番組などを、方針をかえて編集・編成し直すこと。例 組織を改編し、新しい部署をつくる。／テレビ局が番組改編をして、ぼくの好きな動物番組がなくなった。

かいほう 解放・開放

【解放】 おさえつけているものをときはなして、自由にすること。例 犯人が人質を解放する。／漁師が、あみにかかったイルカを解放する。／リンカンが大統領のとき、アメリカのどれいが解放された。／テストが終わり、試験勉強から解放される。

【開放】 ❶窓や戸などを、あけはなすこと。例 開放した窓から風が入る。／会議中はドアの開放を禁止する。

❷だれでも自由に出入りしたり使ったりできるようにすること。対 閉鎖。例 学校のプールを市民に開放する。

参考「解」は、制限や不自由からときはなつこと。「開」は、あけひろげて、出入り自由にすること。

かえりみる　省みる・顧みる

【かえりみる（省みる）】

自分の行いや、心の中をふり返ってよく考える。はんせいする。例 宿題を忘れてばかりいる自分を省みる。／毎日、寝る前に一日を省みる。／一年間を省みる。熟語 自省・内省・反省

【かえりみる（顧みる）】

❶うしろをふり返ってみる。例 ちゃんとついてきているか列の最後を顧みる。

❷過ぎ去った昔を思う。例 おさないころを顧みる。熟語 回顧

❸気にかける。心配する。例 家庭を顧みずに社会につくす。／危険を顧みずに冬山に登る。熟語 顧客・顧慮・愛顧・後顧

参考 送りがなに気をつけよう。

かえる　変える・代える・替える・換える

【変える】

前とちがった状態にする。例 つくえの位置を変える。／話を聞くと、姉はびっくりして顔色を変えた。／兄は、父に説得されて考えを変えた。／つかれたので、散歩をして気分を変える。熟語 変化・変身・異変

⬇【変わる】例 信号の色が変わる。

【代える】

そのものがもつ役割などをほかのものにさせる。例 いそがしい父に代えて兄を出席させる。／これは、ほかのどんなものにも代えることができない、わたしの宝物だ。／命に代えてもあなたを守ります。／別の選手と代える。熟語 代行・代打・代理・交代

⬇【代わる】例 妹に代わってわたしがやる。

【かえる（替える）】

それまでのものをやめて、新しく別のものにする。例 ふろの水を新しい水に替える。／保育士が赤ちゃんのおむつを替える。熟語 交替・衣替え・両替

⬇【替わる】例 担任の先生が替わる。

参考「替える」は「ほかのものでおきかえる」という意味をふまえた書き方。ただし「換える」と書くこともある。

【かえる（換える）】

物と物をとりかえる。 例 電車を乗り換える。／畑でとれた野菜を、市場でお金に換える。／窓を開けて部屋の空気を換える。／銀行で一万円をドルに換える。 熟語 換気・換金・交換・転換

↓【換わる】 例 かなが漢字に換わる。

参考 「換える」は、「おたがいにとりかえる」という意味をふまえた書き方。ただし「替える」と書くこともある。

かえる 帰る・返る・還る・孵る

【帰る】

人や動物がもといた場所にもどる。 例 先生は、いつも七時ごろに帰る。／わたり鳥が北へ帰る。／家へ帰るとき、本屋さんに寄った。／母が帰るまで一人で留守番をした。

熟語 帰宅・帰省・復帰

↓【帰す】 例 台風が来ているので子どもたちを早めに帰す。

参考 「帰る」を使った「帰りがけ」「帰りぎわ」「帰りしな」は、どれも「(ちょうど)帰ろうとしているとき」の意味をあらわすことば。

【返る】

❶**もとのようす・状態にもどる。** 例 声をかけられて、はっとわれに返る。

❷**もとの持ち主にもどる。** 例 貸した本が返る。 熟語 返還・返済・返品

↓【返す】 例 借りた本を返す。

❸**相手が応じる。** 例 アンケートの回答が返る。／反対の意見が返ってくる。／声をかけたら、家の中から答えが返ってきた。 熟語 返歌・返答・返礼

↓【返す】 例 返事を返す。

参考 「車がかえってきた」というとき、人が乗っていると「帰る」、車だけだと「返る」となる。 例 お父さんが車を運転して帰ってきた。／修理に出した車が工場から返ってきた。

【かえる（還る）】

もとの状態・場所・所属にもどる。 例 香港が中国に還る。／お兄ちゃんにとられていたおもちゃが還ってきた。

↓【還す】 例 香港を中国に還す。

参考 ふつう「返る」と書く。▽常用音訓にはない読み方。

【かえる（孵る）】

卵から動物の子どもが生まれる。 例 卵からひなが孵った。

熟語 孵化

↓【孵す】 例 トキの卵を孵すことに成功する。

参考 常用漢字外の字。

コラム　訓のできかた

昔の中国語では、一つのことばを一つの漢字であらわそうとしたため、単純に考えると、ことばの数だけ漢字を作らないといけません。一方で、日本語は「つま先（つめ・先）」「手のひら（手・ひら）」など。基本的なことばの組み合わせであらわす傾向が強いといえます。このため、漢字に日本語を当てはめるときは「犉（じゅん）」（体が黄色くて、くちびるが黒い牛）というように、たくさんのことばを使って説明的な訳をすることになります。

もともと「訓」とは漢字の日本語訳であり、ことばを組み合わせた長い表現でも「訓」とされました。しかし、「描く（絵＋かく）」「慮る（思い＋はかる）」といった一部をのぞき、漢字に日本語の基本的なことばを当てはめたものが「訓」と意識されるようになったため、「脚」「足」のような同訓異字が目立つようになりました。

かがく　化学・科学

【化学】 物質の組み立て、性質、変化のしかたなどを研究する学問。 例 ノーベル化学賞を受賞する。

参考 「科学」と区別するために、「化学」ということがある。

【科学】 自然の法則や原理を探し出す学問。 例 自然科学を学ぶ。

かがみ　鏡・鑑

【鏡】 光の反射を利用して、顔や姿をうつす道具。 例 鏡の前で髪をとかす。／鏡にうつった自分をまじまじと見る。

熟語 鏡台・手鏡

【かがみ（▼鑑）】 あるものごとの手本。見習わなければならないもの。 例 子どもにやさしいだけではなく、ときにはきちんと悪いところを教えてくれる山本先生は、先生の鑑です。／スポーツマンの鑑。／医者の鑑。

かき　火気・火器

【火気】 ❶火の気。 例 火気厳禁。／キャンプで火気を使用する。
❷火の勢い。火力。 例 火気が強すぎて近づけない。／火気にたじろぐ。

【火器】 ❶火を入れる道具。火ばちなど。 例 物置に火器をしまう。
❷鉄砲や大砲など。 例 火器の取りあつかいに注意。

かぎょう　家業・稼業

【家業】

（代々受けつがれてきた）その家の職業。例 家業をついで、漁師になる。／家業は歌舞伎役者です。


【か（稼）業】

くらしに必要なお金を手に入れるための仕事。例 サラリーマン稼業。

参考「稼」は「かせぐ」の意味。

かく　書く・描く

【書く】

文字でしるす。文章をつくる。例 字を書く。／手紙を書く。／詩を書く。熟語 書画・書写・書類

【かく（描く）】

絵や図をあらわす。えがく。例 油絵を描く。熟語 描写・素描

どっちかな？
❶絵を（書く　描く）。
❷黒板の字をノートに（書く　描く）。

かげ　陰・影

【かげ（陰）】
❶光の当たらないところ。例 建物の陰／日陰。熟語 陰影
❷（物にさえぎられて）見えないところ。例 車の陰からネコが飛び出してきた。熟語 物陰

【かげ（影）】
❶人や物が光をさえぎって、その後ろにできる黒い形。例 友だちと影ふみごっこをする。
❷光の反射で、水面やガラスなどにうつって見えるもの。例 人の影が窓にうつる。熟語 影絵
❸月・星・火などの光。例 あわい月影が夜空に光る。熟語 星影
❹おもかげ。また、悪い前兆。例 亡き母の影をしたう。／苦労続きで、見る影もなくやつれる。／戦争の影がしのびよる。／影をひそめる。熟語 影響・遺影・幻影・撮影

かける　掛ける・架ける・懸ける・賭ける

どっちかな？こたえ　❶描く、❷書く

【かける（掛ける）】

❶物や体にひっかけて、さげる。例 コートをハンガーに掛ける。／カレンダーを壁に掛ける。／肩にかばんを掛ける。

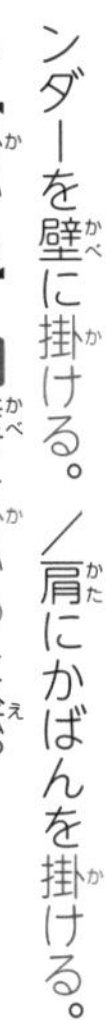

⬇【掛かる】例 壁に掛かった絵。

❷機械やしくみを働かせる。例 かぎを掛ける。／エンジンを掛ける。／ブレーキを掛ける。／手じょうを掛ける。／目覚まし時計のタイマーを掛ける。

⬇【掛かる】例 かぎが掛かる。

❸あびせる。かぶせる。例 毛布を掛ける。／納豆にしょうゆを掛ける。／ふざけて、弟に水を掛ける。

⬇【掛かる】例 ソースがたっぷり掛かったお好み焼き。

❹ことばを発して相手に届くようにする。例 校長先生は、生徒に気軽に声を掛ける。／夜遅くに電話を掛ける。

⬇【掛かる】例 声が掛かる。

参考 そのほか、かけ算で「2を掛ける」、「めがねを掛ける」「磨きを掛ける」のようにも使う。一般に広く使われるが、「趣味にお金をかける」などのように、かな書きにすることも多い。

【かける（架ける）】

またぐようにわたす。上にのせて、置く。例 向こうの島まで橋を架ける。／電柱の間に電線を架ける。／谷につり橋を架ける。熟語 架橋・架設・架線

⬇【架かる】例 海の上に橋が架かった。

【かける（懸ける）】

❶はなれないようにぶらさげる。また、高いところからひっかかっているように置く。例 コウノトリが電柱に巣を懸けた。熟語 懸垂

⬇【懸かる】例 岩はだに懸かる一本の滝。

参考 「巣をかける」は、かなで書くことが多い。

❷解決できない事柄を気にする。また、それを話題としてとりあげる。例 元気のない妹を気に懸けている。／学芸会で何をするかを、学級会に懸ける。熟語 懸念・懸案

⬇【懸かる】例 手術の結果が気に懸かる。

❸失敗したら失う覚悟で、ものごとに当たる。例 優勝を懸けた大事なシュート。／この仕事に命を懸ける。／賞金を懸ける。熟語 懸賞・懸命

⬇【懸かる】例 メダルが懸かった試合。

【かける（賭ける）】

金品を出し合い、勝った者がもらえる勝負をする。例 三番の馬に賭ける。熟語 賭博

参考 「命を懸ける」も使うが、「命を賭ける」とすると一世一代の勝負のような意味合いがまして、強い言い方となる。

かする　科する・課する

【科する】

（法律などによって）罰をあたえる。例 罰金を科する。

熟語 科料・罪科・前科

【課する】

やらなければいけないこととして、わりあてる。例 先生に宿題を課され、遊ぶ時間がなくなった。／税金を課する。熟語 課税・課題・日課

かぜ　風・風邪

【風】
❶空気の流れ。例 すずしい風がふいて、気持ちがいい。
熟語 風雨・風速・台風
❷社会のならわし。例 世間の風は冷たい。熟語 風紀・風習・風俗
❸（あることばの下につけて）ようす。態度。そぶり。例 臆病風にふかれて（＝臆病な心が起こって）、足がすくむ。／命令口調で先輩風をふかす人がいる。
❹勢い。例 肩で風を切って歩く。

【かぜ（風▽邪）】

病気の一つ。例 風邪を引く。

参考 病気の「かぜ」を「風」と書くこともある。▽常用漢字表付表に示された読み方。

かせつ　仮説・仮設・架設

【仮説】

かりにたてておく考え。例 ウナギの産卵場所は深海だという仮説をたてて調査をする。／実験で、自分の仮説を証明する。／君の考えは、まだ仮説の域を出ていない。


【仮設】

建物などを、一時の間に合わせにつくること。例 災害にあった人々が、仮設のテントで暮らす。／野外に舞台を仮設したコンサート会場。／工事現場にトイレを仮設する。


【か（架▽）設】

高くかけわたすこと。例 川に橋を架設する。／電線を架設せず地中にうめたので、町のながめがすっきりしている。／山の斜面に架設したケーブルにゴンドラをつるす。／道路の上に架設した橋を陸橋という。

かた　形・型

【形】

❶もののかたち。すがた。例三日月形。熟語形態・定形

❷かならず返す保証として、借りたもののかわりにあずけるもの。抵当。担保。例家を借金の形にとられる。

参考「抵当・担保」の意味をもつ「形」は、ふつうはひらがなで書く。

【型】

❶かたちをつくるのに、もとになるもの。例洋服の型を取る。／紙ねんどをケーキの型につめて、同じかたちのおもちゃのケーキをたくさんつくる。熟語型紙

❷運動などのきほんとなる動き。例柔道の型を練習する。

❸それぞれのとくちょう。タイプ。パターン。例新しい型の自動車が、発売される。／血液型はA型です。熟語原型・模型・類型

❹ある決まったかたち。例はじめてお会いする先生に型どおりのあいさつをする。／型やぶりのデザインを思いつく。／ぼくの親友は型にはまらない、ざっくばらんな性格だ。

かたい　固い・堅い・硬い・難い

【固い】

❶こわれない。対ゆるい。柔らかい。

例固いコンクリートでかためる。／ロープを固く結ぶ。／口を固く閉ざす。熟語固形・固体・固定

❷自分の態度や考えを、強くもちつづけるようす。例弟は宇宙人の存在を固く信じている。／セールスは、固くお断りいたします。

【かたい（堅▼い）】

❶質がしまって割れにくく折れにくい。対もろい。柔らかい。例堅い木材の加工。

❷しっかりしている。対柔らかい。例君との約束は堅く信じて守ります。／まじめで、考え方が堅い。熟語堅実・堅守

参考「堅い」と「固い」は区別しないで使われることがある。

【かたい（硬▼い）】

❶質がじょうぶで、簡単にくだけたり割れたりしない。対軟らかい。例あまりに硬くて金づちでも割れない。熟語硬球・硬水

❷顔のようすがこわばっている。対軟らかい。柔らかい。例緊張のあまり硬い表情をしている。熟語硬直

参考「固」「堅」「硬」は、熟語ではそれぞれの反対語に対応して使われる。▽「こわばったようす」をあらわす

「硬い」以外の意味では「固い」と「堅い」が区別しないで使われることがある。


【かたい（難い）】

しようとしても、それがむずかしい。例 想像し難いことが現実には起こることがある。／言うは易く、行うは難し（＝口で言うのはたやすいが、言ったことを実行するのはむずかしい）。熟語 難解・難局・難色・困難

どっちかな？
❶パンは時間がたつと（固く 堅く）なる。
❷あの人は口が（固い 堅い）。
❸人前に出て表情が（固く 硬く）なっている。

がっか 学科・学課

【学科】
❶学問の科目。例 将来は、大学の経営学科に進みたい。
❷学校の授業で勉強する事柄を、内容によって分けたもの。国語や算数など。例 好きな学科は体育です。

【学課】

学校教育で、勉強すべき事柄。例 小学校の卒業証書に「所定の学課を修了した」と書いてあった。

参考 同じ内容のことばに「課程」「カリキュラム」がある。

かてい 過程・課程

【過程】

ものごとが移り変わっていく道すじ。例 こん虫が卵から成虫になるまでの過程を観察する。／子どもの成長の過程をビデオカメラで記録する。／研究を始めてから新発見にいたるまでの過程を説明する。／木の葉が色づき、落ち葉になるまでの過程を本で調べる。


【課程】

学校などで、一定の期間内に学ぶように、学習内容を決めたもの。例 小学校の課程を終えて卒業する。／この大学には通信教育で学ぶ課程もある。／兄は、来春大学の教職課程を修了する。

参考 卒業証書に書いてあるのは「課程」。「博士（はくし・はかせ）課程」「教員養成課程」「研修課程」のように、ほかのことばにつけて使われることが多い。

かねつ 加熱・過熱

【加熱】

熱を加えること。例 なべに水を入れ、強火で加熱する。


どっちかな？こたえ ❶固く、❷堅い、❸硬く

／この貝は加熱して食べてください。／ジャガイモを電子レンジで五分間加熱する。／器具を、蒸気や熱湯などで加熱して殺菌する。／空気は、加熱すると体積が膨張する。／加熱した肉に味をつける。

参考 食品に書いてあるのは「加熱」。

【過熱】

❶ **熱くなりすぎること。熱くしすぎること。** 例 ストーブの過熱が原因で、火事になる。／このアイロンには、過熱を防ぐ装置がついている。

❷ **ものごとの状態が、度をこしてはげしくなること。** 例 両チームの応援合戦がいちだんと過熱してくる。／事件の報道が過熱し、迷惑をこうむる人も出てきた。

かわ　川・河・皮・革

【川】

地の間をぬっていく水の流れ。河川のこと。 例 台風で近くの川があふれる。／川を渡ったところに、友だちが住んでいる。 熟語 川上・川下・川原

【河】

大きな川をいうことが多い。 例 大きな河がゆったりと流れている。 熟語 河口・河原・運河・大河

参考 もとは中国の黄河を指したことば。黄河が大きかったことから、やがて大きな川をあらわすようになった。

【皮】

❶ **動物や植物の表面を包んでいるもの。** 例 日焼けしたうでの皮がむけてくる。／リンゴの皮をむく。／サクラの木の皮を使った工芸品。 熟語 皮算用・皮膚・毛皮・脱皮

❷ **物の表面をおおっているもの。** 例 このまんじゅうは、皮が厚い。

参考 「化けの皮がはがれる」は、かくしていたことがばれる、という意味の慣用句。

【かわ（革◆）】

動物の皮をはいでなめしたもの。 例 牛の革を使ってかばんを作る。／革で作った製品を売る店。／羊の革のコートは軽くて着やすい。

参考 「なめす」とは、薬品を使って、動物の皮から毛とあぶらを取り、やわらかくすること。動物の「皮」は、この加工をすることによって、「革」になる。

かわく　乾く・渇く

【かわく（乾く）】
水分がなくなる。かんそうする。例 晴れた日には、洗たくものがよく乾く。
熟語 乾燥・乾物・速乾
⬇【乾かす】例 洗たくものを乾かす。

【かわく（渇く）】
のどに水分がなくなって、水が飲みたくなる。例 全力で走ると、のどが渇く。熟語 渇水・渇望・飢渇・枯渇

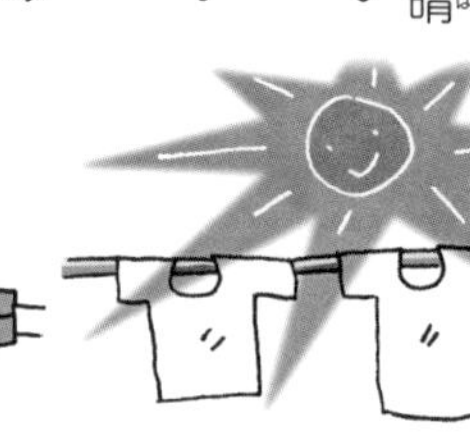

かん　感・観・勘

【感】
❶思い。ものごとに対して起こる、心の動き。例 子どものころと、町がずいぶん変わっていて、隔世の感（＝時代がかけ離れたという感じ）がある。熟語 感性・直感
❷ものごとに感じる気持ち。例 正義感が強い。／使命感に燃える。／3D映画は臨場感がある。熟語 危機感・罪悪感

【観】
❶外から見たようす。例 外観がヨーロッパ風の建物。／京都の街並みの美観を損なわないような建物を建てる。熟語 景観・壮観
❷ものごとに対する見方、考え方をあらわすことば。例 人それぞれ価値観がちがう。／先入観をもって相手を見てはいけない。熟語 人生観・世界観・悲観・楽観

【かん（勘）】
直感によってさとる能力。例 姉は勘がするどい。／勘がいいので、すぐにわかってしまう。熟語 勘所・山勘
参考「第六感」は、「五感」に次ぐ感覚の意味。内容は「勘」と重なるが、「第六勘」とは書かない。

どっちかな？
❶テストの問題が難しくて（感　勘）に頼る。
❷展覧会で画家ピカソの（世界感　世界観）にふれる。
❸田中君は（責任感　責任観）が強いので、キャプテンに推薦します。

かんさつ　観察・監察

【観察】

自然のままのようすをくわしく見ること。例アサガオの観察をする。


【かん（監）察】

決まりどおりに行われているかを調べて、とりしまること。例父の仕事は、監察官だ。

かんしょう　観賞・鑑賞

【観賞】

美しいものを見て、楽しむこと。例池のコイを観賞する。／お花見でサクラを観賞する。


【かん（鑑）賞】

芸術作品を見たり聞いたりして、楽しむこと。例音楽の授業でベートーベンの曲を鑑賞する。

かんしん　感心・関心・歓心

【感心】

りっぱな行いなどに対して、深く心を動かされること。例母は、山田君のていねいなことばづかいに感心していた。／毎週公園をそうじしている感心な子どもがいる。／君のまじめさには、だれもが感心しているよ。


【関心】

そのことについて知りたいと、心をひかれること。例遺跡の写真を見て、歴史に関心をもつ。／国民が関心を寄せる年金の問題を議論する。


【かん（歓）心】

自分によくしてくれた人に対して、うれしいと思う気持ち。例おせじを言って人の歓心を買う（＝きげんをとって気に入られようとする）。／兄はプレゼントであの人の歓心を得るつもりだ。

かんせい　歓声・喚声・官製・管制

【かん（歓）声】

よろこんでさけぶ声。例優勝して、スタンドから歓声があがる。


【かん（喚）声】

さけび声。例おどろいて喚声をあげる。


【官製】

政府がつくったもの。㊉私製。例官製はがきに書く。


【管制】

飛行機などの離着陸などについて、指示をすること。例管制塔からの指示を待つ飛行機。

かんち　感知・関知

【感知】 感じること、気づくこと。例 ガスもれ感知器。

【関知】 ものごとにかかわりをもって、事情を知ること。例 わたしは関知していない。

かんない　管内・館内

【管内】 ある役所が、仕事を受け持つ範囲内。例 となりの警察署管内で、事件が起こる。

【館内】 博物館や図書館など「館」のつく建物の中。例 図書館の館内で大声を出してはいけません。

きうん　気運・機運

【気運】 世の中の移りかわりに見られる、ある方向。例 環境を守るという気運が高まる。

【機運】 ものごとがうまくいきそうな、めぐり合わせ。例 サッカー部をつくる機運が到来する。

参考 新聞では、「気運」「機運」を区別せず「機運」と書く。

きかい　器械・機械・機会

【器械】 動力（＝モーターなど）を使わない、簡単なしくみの道具。例 柱に器械をあてて家のかたむきを調べる。／体温計や体重計などの器械をつくる会社を見学する。／とび箱や平均台などの器械を使って体操をする。

参考 「機械」よりも小型で、しくみの簡単なものをいう。

【機械】 動力（＝モーターなど）によって動き、ある決まった運動をくり返して仕事をするもの。例 自動車の部品をつくる機械。／機械で織った布よりも、人が手で織った布のほうが味わいがある。／広い農地では大型の機械を使って農業が行われる。

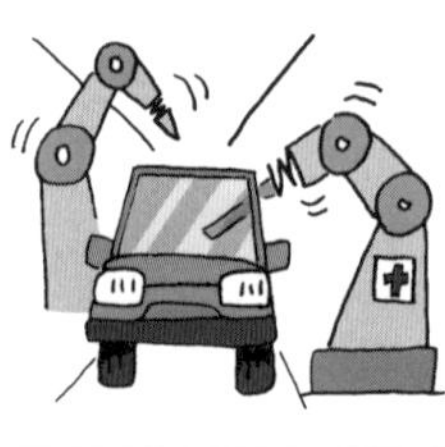

【機会】

ものごとをするのにちょうどよいチャンス。例 優勝の機会がおとずれた。／話し合いの機会をください。

きかん 気管・器官・機関

【気管】 のどから肺にかけての、呼吸をした空気が通るくだ。例 食べた物があやまって気管に入る。／父はかぜで気管をやられて、せきがひどい。／気管支ぜんそく。

【器官】 生物の体の中で、ある働きを受け持っている部分。例 食道・胃・腸などは、消化の働きをする器官だ。／検査で消化器官に異状が見つかった。／呼吸器官。

参考 「器管」とは書かない。「体の器官に竹いらず」と覚えておこう。

【機関】 ❶動力をつくり出すそうち。例 蒸気機関車を発明した。❷ある目的のためにつくられた、組織。例 報道機関が取材をする。／アメリカの情報機関が調査している。

きぎょう 起業・企業

【起業】 新しく事業（利益をあげるための生産や取り引き、また社会に役立つ大きな仕事）を始めること。例 おじは今の会社をやめて、新しい技術をもとに起業する。／起業家として成功する。

【き（企）業】 利益をあげる目的で、生産や取り引き、大きな仕事を行うまとまり。例 町の有名企業が主催するお祭り。／グループ企業全社をあげて、植林活動を応援する。／中小企業。

きく 聞く・聴く・訊く・効く・利く

【聞く】 ❶音や声、話などを耳に感じて理解する。例 公園で鳥の声を聞く。／音楽を聞きながら、ふろに入る。／転校生が来るといううわさを聞いた。

熟語 見聞・伝聞

⬇【聞こえる】 例 天井裏から物音が聞こえる。

❷相手の言うことを受け入れる。承知する。例 親の言うことをよく聞く。／わたしの願いを聞いてほしい。／聞く耳を持たない（＝人の言うことを聞こうとしない）。

❸たずねる。例 本当かどうか、本人に聞いてみる。／お寺までの道を聞く。

【きく（聴く）】
注意深く耳をかたむけてきく。 例 コンサートホールで、音楽を聴く。／街の声を聴く。／落ち着くのを待って、事情を聴く。熟語 聴取・試聴・拝聴
参考 「音楽を聞く」と「音楽を聴く」では、前者は、きくともなしに自然と耳に入ってくることを指す。一方後者は、注意深く耳をすまして意識的にきくという意味合いになる。▽「聞こえる」は、音が耳に入ってくることなので、「聴こえる」と書くことはない。

【きく（訊く）】
犯罪の疑いがある人などに問いただす。 熟語 訊問
参考 ふつうは「聞く」を使うことが多い。▽「聞き入る、聞き取る」などの複合語は、「聞」を使う。▽常用漢字外の字。

【効く】

ききめがあらわれる。効果がある。 例 腹痛に効く薬。／殺虫ざいが効いたらしく、ゴキブリが出なくなった。／宣伝が効いて売り上げがのびる。／父の説教が効いたのか、最近弟がおとなしい。／冷房が効く。熟語 効果・効能・有効

【きく（利く）】
❶**機能がよく働く。よく活動する。** 例 犬は、鼻がよく利く。／右手がしびれて利かない。／車のブレーキが利く。／利き手は右手だ。熟語 利口
❷**できる。** 例 ビルの屋上からは見晴らしが利く。／年をとって無理が利かなくなる。
参考 「効果がある」と言いかえられるときは「効く」と書く。（効果の面を強調するときは「車のブレーキが効いた」のようにも使う。また、「口を利く」で、「ものを言う」という意味をあらわす。

きぐ　器具・機具

【器具】

簡単な道具や器械。 例 調理器具。／電気器具。


【機具】

大きな機械や道具。 例 農機具を倉庫に入れる。

きげん　紀元・起源・期限

【紀元】

歴史のうえで、年数を数えるもとになる年。 例 西暦では、キリストが生まれたとされる年を紀元一年とする。参考

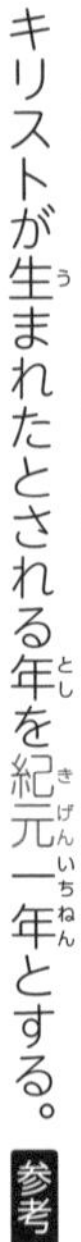

「紀元」より古い時代の年数は、紀元から逆に数えて、「紀元前百年」というふうにあらわす。


【起源】

ものごとの起こり。始まり。例かなの起源は漢字にある。／日本人の起源をさぐる。／地球の生命の起源は水にあるといわれる。／ラジオ体操の起源と歴史を調べる。／カレーライスの起源をたどる。


【期限】

決められている期間。例期限を定める。／食品には賞味期限がある。

きさい　奇才・鬼才

【き(奇)才】

世にもめずらしい、人をおどろかすようなすぐれた才能。また、その才能の持ち主。例マジックの奇才の名をほしいままにする。


【き(鬼)才】

人間とは思われないほどの、するどいすぐれた才能。また、その才能の持ち主。例黒澤明は映画界の鬼才である。

参考「奇才」は、あまりないこと、「鬼才」は、人間ばなれしたことに注目した言い方。

きじゅん　基準・規準

【基準】

比べたり決めたりするときの、もとになるものや数値。よりどころ。例採点の基準。／労働基準法。


【規準】

手本になる決まり。きそく。例健康のためにカロリーの規準にしたがう。

参考「基」は、もとになるもの。「規」は、コンパスで、ここでは正しくするの意味。「準」は、水平をはかる道具。ここでは手本にするの意味。

きせい　既成・既製・規制・規正

【き(既)成】

すでに成り立ってしまっていること。例既成概念にとらわれない詩をつくる。／友だちと大げんかをしたうわさが流れ、けんかをしていないのに既成事実になってしまった。


【き(既)製】

品物が、注文してつくるのではなく、すでにでき上がっていること。例既製服のSサイズがぴったり合う。／既製品。

【規制】ある決まりをつくり、それによって制限すること。例大雪のため、自動車の最高速度を時速四〇キロメートルに規制する。／遠足で行った農園では、イチゴつみが一人三十分までに規制されていた。／スマートフォンの、学校内への持ちこみ規制。

【規正】決まりにしたがって、悪いところを正しく直すこと。例政党の政治資金を規正する。

きてん 基点・起点

【基点】もとになるところ。もとになる点。例学校を基点として、半径五キロメートル以内の地域にある公園を調べて回る。／北極を基点として地図をえがく。

参考 多く、きょりをはかるときや、図形をえがくときのもとになるところをいう。

【起点】ものごとの始まるところ。出発するところ。対終点。例東海道新幹線の起点は東京駅だ。／市内のバス路線の起点と終点を、パソコンで調べる。／駅を起点として周辺の名所をめぐる観光コースを考える。

参考 多く、電車・バスなどが出発する最初の駅・停留所や街道などのもとになる地点をいう。

きどう 起動・機動

【起動】動き始めること。例コンピューターが起動する。

【機動】状況に応じたすばやい行動。例機動力を持った救助隊が、災害で取り残された人々を救う。

きねん 記念・祈念

【記念】思い出として残すこと。また、思い出となるしるし。例町内運動会で記念品をもらうのが楽しみだ。／卒業の記念に植樹する。／クラスの記念写真をとる。

【き(祈)念】神や仏に心をこめていのること。例長崎で、平和祈念式典が開かれる。／みなさまの幸せを祈念しまして、乾杯！

きみつ　気密・機密

【気密】 空気などの気体が入りこまないようにぴったりと閉ざしていること。例 宇宙には空気がないので、宇宙飛行士は気密性の高い宇宙服を着る。／気密状態で細菌の実験をする。／気密室で手術を行う。

【機密】 国家や会社にとって、とても大切なひみつ。例 五十年前の機密文書が公開される。／機密が外部にもれるのをふせぐ。

きゅうしょく　休職・求職

【休職】 つとめている人が（病気やけがで）つとめをやすむこと。例 けがをしたので休職している。

【求職】 働き先をさがすこと。例 大学を卒業して、求職中だ。
参考「給食」は、学校や工場などであたえられる、同じこんだての食事。

きゅうめい　究明・糾明

【究明】 ものごとを深く調べて、はっきりさせること。例 事故の原因を究明する。

【きゅう（糾）明】 罪や不正を問いただして、あきらかにすること。例 犯人を糾明する。

きょうき　狂喜・驚喜

【きょう（狂）喜】 あまりのうれしさに我をわすれて大喜びすること。例 優勝が決まった瞬間、選手たちは狂喜しておどりあがった。／合格の知らせに狂喜する。
参考「狂喜乱舞」は、非常によろこんでいるようす。（「乱舞」は、多くの人が入り乱れておどること。）

【きょう（驚）喜】（思いがけないうれしいできごとに）おどろきよろこぶこと。例 転校した親友に、旅先でぐうぜん出会い、驚喜する。

きょうそう　競争・競走

【競争】 勝ち負けや、よしあしなどを争うこと。例 どちらが早くしあげるか競争しよう。／友だちとテストの点数を競争する。／自動車会社が、売り上げの競争をする。／どちらがおいしい料理を作るか、姉と競争した。

【競走】 走り比べをすること。例 校庭のはしからはしまで競走しよう。／五頭の馬を競走させる。／マラソンでは、四二・一九五キロメートルを競走する。／サーキットは、車の競走を行うための施設だ。

参考 走る速さをくらべる以外の「きょうそう」は「競争」と書くと覚えよう。

どっちかな？ ❶運動会で、徒（競争　競走）に出場する。
❷（競争　競走）社会を勝ちぬいて生きていく。

きょうちょう　協調・強調

【協調】 たがいにゆずり合って、助け合うこと。例 住民が協調して、住みよい町づくりを進める。／弟はわがままで、なかなか人と協調できない。／グループ活動では、自分の意見を言うことも必要だが、人の意見に協調することも大切だ。／アジアの国々が協調して、ふん争の解決をはかる。

【強調】 ❶大切なことや、気をつけることを、強く言うこと。例 先生は、命の大切さを強調して話された。／大会へは全員で参加するべきだと、くり返し強調する。
❷ある部分を特に目立たせること。例 覚えてほしい部分は、文字を太くして強調する。／この詩では、同じことばをくり返して強調している。／花の赤を強調してえがく。

きょうどう　共同・協同

【共同】 ❶二人以上の人が、一つのものをいっしょに利用すること。対 単独。例 妹と部屋を共同で使う。／この旅館では、客は共同の洗面所を使う。

❷二人以上の人が、一つのものに同じ資格や立場でかかわること。対単独。例映画の出演者が、共同で記者会見をする。／父は、友人と共同で会社を経営している。

【協同】 二人以上の人が、助け合って一つの仕事をすること。例二人の科学者が協同して研究する。／会社と大学が新技術を協同開発する／農家が協同して野菜の産地直送販売をする。

参考「協同」は、力を合わせることに重点が置かれる。「協同組合」という語で使われることが多い。▽それぞれの立場や得意な分野を生かして、同じ目標に向かって働くという意味合いで、「協働」という言い方もある。

きょうゆう　共有・享有

【共有】 一つのものを二人以上の人のもちものとすること。例兄弟で共有の財産にする。／情報を共有して、災害の復興に当たる。

【きょう（享▼）有】 生まれながらにもっていること。例だれもが人権を享有している。

きょくげん　局限・極限

【局限】 範囲をせまく限ること。例試験の範囲を局限する。

【極限】 もうそれ以上はないという、ぎりぎりのところ。例体力の極限に挑戦する。／災害を受けた極限状態でも、冷静に行動したことが、海外に報道された。

参考「極限」に近いことばに、「限界」がある。

きょくち　局地・極地・極致

【局地】 限られた一部分の土地。（「局地的」の形で使うことが多い。）例局地ふん争を、国連軍が収める。／県の北部が局地的な集中豪雨にみまわれる。／たつまきは、局地的に起きる自然現象だ。

【極地】 行きつくはての土地。特に、南極・北極の地方。例犬ぞりで極地を探検する。／南極で、極地の気象を観測する。／地球の温暖化で、極地の氷がとけだすおそれがある。

【極ち（致▼）】 これ以上はないという最高の状態。例美の極致といわれるビーナス像が日本で公開される。／役者としてきびしい修業を積み、芸の極致をきわめる。／兄は念願の大学に合格して喜びの極致にある。

きりつ 起立・規律

【起立】すわっていたものが、立ち上がること。対着席。例授業の始まりに「起立！」「礼！」「着席！」と日直が号令する。

【規律】人の行いのもととなる決まり。例避難訓練で規律正しく行動したので、先生にほめられた。／社会の規律を守る。

きる 切る・斬る・伐る・剪る

【切る】

❶刃物で物を分ける。また、きずをつける。例調理実習では、まず包丁で大根を切った。／ナイフで手を切る。熟語 切断・切腹

↓【切れる】例ひもが切れた。

❷つながりをなくす。区切りをつける。例人の悪口ばかり言うので、その友だちと手を切ることにした。／楽しい話で盛り上がった後、電話を切る。／電気のスイッチを切る。

↓【切れる】例電話が切れる。／電源が切れる。

❸水気をとる。例三角コーナーの生ごみの水気を切ってから、ごみ箱に入れる。

↓【切れる】例このざるは、水がよく切れる。

❹カルタやカードなどを混ぜ合わせる。例トランプをよく切って、同じ数字がかたまらないようにする。

❺勢いよく進む。例さっそうと肩で風を切って街を歩く。

❻ある動きを始める。例先生の合図を受けて、いっせいにスタートを切る。／学級会でしずまりかえった教室の中、いままでだまっていた友だちが、口を切った。

❼（あることばの後につけて）「…してしまう」「…しおわる」の意味をあらわすことば。例歯みがきチューブを最後まで使い切る。

参考「切れる」には「切る」の可能をあらわす用法もある。「このはさみは、プラスチックも切れる（切ることができる）」のように使い、「強い風でひもが切れる」などとはちがう意味になる。

【きる（▼斬る）】刃のついたもの（刀や包丁、はさみなど）で、人の体を

きる。例 時代劇では、ちょんまげを結ったおさむらいさんが、たくさんの敵を斬る場面がある。／一刀のもとに斬り捨てる。熟語 斬殺・斬首・斬髪

【きる（伐る）】

刃のついたもので、木などを切る。例 山に道をつくるために、大きな杉の木を伐る。熟語 伐採・乱伐

参考 常用音訓にはない読み方。

【きる（剪る）】

はさみで花や枝などの手入れをする。例 松の枝を剪って、形を整える。／花を剪って、器に生ける。熟語 剪定

参考 ふつう「切る」と書く。▽常用漢字外の字。

きわめる　究める・極める・窮める

【きわめる（究める）】

深く調べて本質をつかむ。例 研究を究めて、ノーベル賞を受賞した。

熟語 究明・探究

【きわめる（極める）】

これ以上ないというところまでたどりつく。例 富士山の頂上を極める。／口を極めてほめる。熟語 極言・極意

➡【極まる】例 感、極まって泣く。

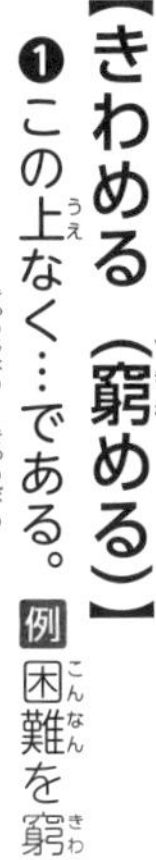

【きわめる（窮める）】

❶この上なく…である。例 困難を窮める。熟語 窮状・窮乏

➡【窮まる】例 進退が窮まる。

参考「極める」と書くことが多い。

❷つきつめる。例 真理を窮める。

熟語 窮理

参考「究める」と書くことが多い。

▽「窮まる」は特に、身動きが取れなくなる、困り果てるの意味でも使う。

くだる　下る・降る

【下る】

❶低いところに行く。おりる。対 上る。例 山菜を採り終えて、山を下る。／サケは卵からかえるとまもなく川を下って海に出る。熟語 下降・下山

❷地位や価値などが下がる。例 選挙で過半数がとれなかったので、与党から野に下ることと

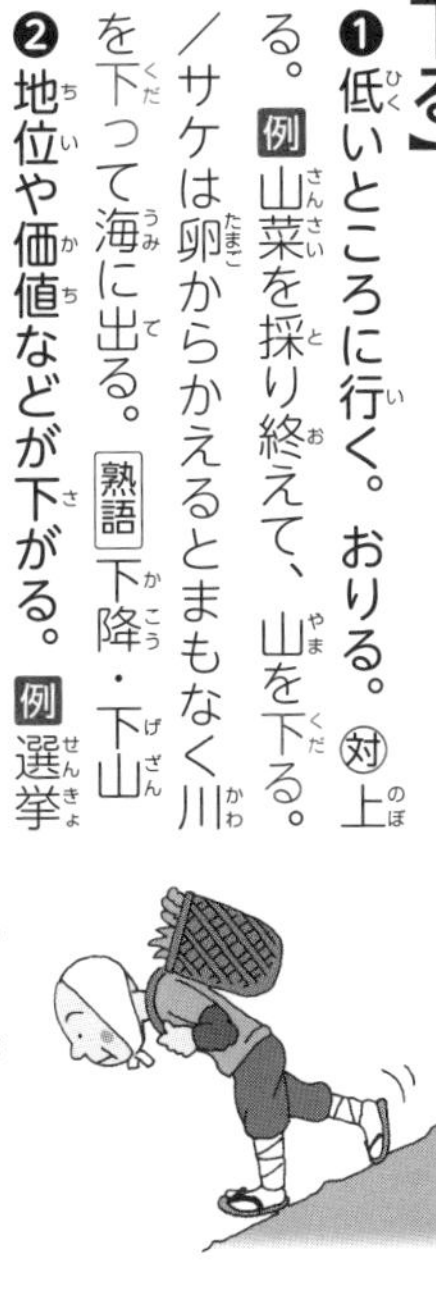

なった。熟語 下野・下落

❸都（＝昔は京都、今は東京）からはなれた方向に行く。対上る。例 昔、牛若丸は、京の都から東北地方へ下った。

❹時が過ぎる。対上る。例 時代が下るとともに、どんどん科学技術が発達する。熟語 下旬・下半期

❺命令や判決が言いわたされる。例 食中毒を出した店に、営業停止の命令が下る。／がけくずれしそうなので、ひ難の命令が下る。熟語 下命

➡【下す】例 罰金十万円の命令を下す。

❻判断や評価などがさだめられる。決定される。例 校長先生によって、遠足の中止の判断が下る。

➡【下す】例 総理大臣が断を下す。

❼げりをする。例 夜おなかを出して寝たせいで、腹が下る。熟語 下剤・下痢

➡【下す】例 冷たいものを食べ過ぎて、腹を下す。

参考 「手を下す」は、みずから実際に行うこと。例 先生が手を下すのではなく、子どもだけで文化祭の計画を立てる。

【くだる（◆降る）】

戦いに負ける。こうさんする。例 ゲームですべての陣地を失い、敵の軍門に降る。熟語 降参・降伏・降服

➡【降す】例 柔道の試合で大技が決まって、強敵を降した。

参考 常用音訓にはない読み方。

くむ
酌む・汲む

【くむ（▼酌む）】

酒などを器についで飲む。例 昔の友だちと酒を酌み交わす。熟語 晩酌

【くむ（▼汲む）】

❶水などを入れ物にすくいとる。例 水をバケツに汲む。

❷（人の心などを）おしはかる。思いやる。例 悲しんでいる友だちの気持ちを汲んで、だまっていた。

参考 ❷の意味の場合、ふつうは「汲む」だが「酌む」と書いてもよい。▽常用漢字外の字。

くら
倉・庫・蔵

【倉】

おもに穀物をしまっておく建物。倉庫。例 穀物を倉におさめる。熟語 穀倉・船倉

【くら（◆庫）】

もとは兵器をしまっておく建物。今では広く製品などを保管する建物。例 神輿倉に神社の御輿をしまう。熟語 金

庫・書庫

参考 ふつうは「倉」と書く。▽常用音訓にはない読み方。

【くら（蔵）】

日本式の土蔵など、家の道具や宝などをしまっておく建物。**例** 酒蔵に入ると、お酒のにおいがした。／蔵が建つ（＝金持ちになる）。／お蔵にする（＝使わずにそのままにしておく）。**熟語** 蔵書・愛蔵・所蔵・貯蔵

ぐんしゅう　群集・群衆

【群集】

大勢の人や動植物などが、群がり集まること。また、その集まり。**例** サルが木に群集する。／事故の現場にやじうまが群集する。

参考 「群集心理」は、大勢の人の中にいるため、ほかの人のことばや行動に引きずられてしまう心の動きのこと。

【群衆】

ある場所に集まった多くの人々。**例** 広場をうめた群衆を前に、選挙の候補者が演説する。／試合の実況を映す屋外の大スクリーンの前に、数千人の群衆が集まった。

けいしき　形式・型式

【形式】

もののやり方やていさい。**例** 形式にとらわれない、おもてなしの心。

【型式】

航空機や自動車のもとになる型。**例** 蒸気機関車の型式。

参考 「かたしき」とも読む。

けいしょう　軽傷・軽症

【軽傷】

軽いきず。軽いけが。**対** 重傷。**例** かけっこで転んだが、ひざをすりむいただけの軽傷ですんだ。

【軽しょう（症）】

病気が軽いこと。**対** 重症。**例** せきが出るだけの軽症でも油断は禁物だ。

けいせい　形成・形勢・形声

【形成】

一つのまとまった形につくり上げること。**例** 島国である日本は、独自の文化を形成した。／育った環境が、その

人の人格の形成にえいきょうする。／豊かで美しい国土を形成するための政策を考える。／独り暮らしの老人を支えるために、ボランティアのネットワークが形成された。

参考 「形成」を訓で読むと「形を成す」となる。

【形勢】 変化するものごとの、その時その時のようす。なりゆき。

例 相手チームの得点で、ぼくたちのチームの形勢が不利になる。／開票が進むにつれて、各政党の形勢が変化する。

参考 似た意味のことばに「情勢」がある。

【形声】 発音をあらわす文字と意味をあらわす文字を組み合わせる漢字のつくり方。

参考 「町」は「田」と「丁」を、「村」は「木」と「寸」を組み合わせた形声文字。

けしき　気色・景色

【気色】 態度。顔つき。例 気色ばむ(＝いかりを表情にあらわす)。

【景色】 目の前に広がる、ながめ。例 このビルから見る夜の景色は、最高だ。

参考 常用漢字表付表に示された読み方。

けっさい　決済・決裁

【決済】 代金の受けわたしをして、売買の取り引きを終えること。

例 運動会で使う道具をまとめて買って、現金で決済する。

【決裁】 部下の出した案を採用するかしないかを、権限をもった人が決めること。例 今度のプロジェクトについて、社長の決裁をあおぐ。

げんけい　原形・原型

【原形】 物がもともともっていたかたち。例 事故で車が原形をとどめないほどにこわれた。／遺跡から土器が原形のまま出土する。／古い民家を、原形のまま保存する。／建物のこわれた部分を、写真を見ながら原形のとおりに修復する。

【原型】

物をつくるときの、もとになるかた。例体の寸法をはかって、紙でワンピースの原型をつくる。／自分の足に合わせて、くつの原型をとる（＝原型をつくる）。

参考 洋服をつくるとき、原型を切りぬいた紙のことを「型紙」という。

けんさつ　検札・検察

【検札】
（車内で）乗客のきっぷを調べること。例一号車から車しょうが検札に来る。

【検察】
法律に罰せられる悪い行いかどうかを調べて、事実を明らかにすること。例警察の取り調べのあと、検察官が事件を裁判にできるかを決定する。

げんじょう　原状・現状

【原状】
もとの状態。例割れたつぼを原状にもどす。

【現状】
今の状態。例現状をよく観察する。／現状を打破する。

けんしん　検診・健診

【検しん（診）】
病気にかかっているかどうかを調べること。例定期的に歯科の検診を受ける。

【健しん（診）】
「健康診断」を略したことば。例新学期には全校生徒の健診を行う。

けんとう　見当・検討

【見当】
❶みこみ。予想。例これから何が起きるのか、わたしには見当もつかない。／どうにか仕事の見当がついてひと安心だ。／妹はきっとよろこぶだろうと思っていたのに、見当がはずれた。
❷だいたいの方向。例駅は、あちらの見当になります。
❸（数をあらわすことばにつけて）…ぐらい。例二千円見当の賞品がもらえるはずだ。

【検討】
こまかく調べて、それでよいかどうか確かめること。例

大会に参加すべきかどうか、クラスで検討する。／みんなで研究発表の内容をもう一度検討する。／バス会社では、料金値上げの検討を始めたそうだ。

参考 形の似た字「険」とまちがえて「険討」と書かないように注意しよう。

げんぶつ　原物・現物

【原物】 美術品などで、本物に似せて作った物や写真にうつされたものなどに対して、「もとの物」。例 この絵は教科書の写真で見るより、原物の方がはるかにあざやかだ。

【現物】 今ある品物。実際の品物。お金ではなく、物。例 友だちにすすめられてほしくなったが、実際に現物を見てみると、あまりよい品物ではなかった。／ボーナスを現物で支給する。

こうあん　考案・公安

【考案】 いろいろと工夫して考え出すこと。例 自動歯みがき機を考案する。

【公安】 社会の人々が、安全に暮らせて平和であること。例 国家公安委員会が全国の警察署を視察する。

こうい　好意・厚意・皇位・高位

【好意】 ❶このましいと思う気持ち。例 父は、相手のまじめな態度に好意をもった。／姉は、上級生の男子に好意を寄せている。

❷親切な心。対 悪意。例 農家の人の好意で、畑を使わせてもらうことになった。

参考 他人に対する自分の気持ちにも、自分に対する他人の気持ちにも使う。

【こう（厚）意】 深い思いやりのある心。例 わたしの夢の実現を、かげで支えてくださったご厚意に感謝します。／せっかくの厚意を無にしてしまった（＝相手の思いやりを受けないでしまった）。

参考 「厚意」は、相手に対する自分の気持ちには使わない。また、「好意」より思いやりの程度が深い。

【皇位】天皇のくらい。例 皇位をつぐ。／父が退位し、その子が皇位についた。

【高位】高いくらいにある人。例 平家の一族は、みな高位についた。／勉学にはげみ、高位高官にのぼりつめた。

参考 「行為」は、行いやふるまいのこと。

こうえん 公演・好演・講演

【公演】大勢の客の前で、歌・劇・おどりなどを演じること。例 今日からミュージカルの公演が始まる。／歌舞伎の海外での公演は大好評だった。／公会堂でバレエの公演がある。／この劇団は、月に一回定期的に公演している。

【好演】うまく演技や演奏をすること。例 子役が好演した。

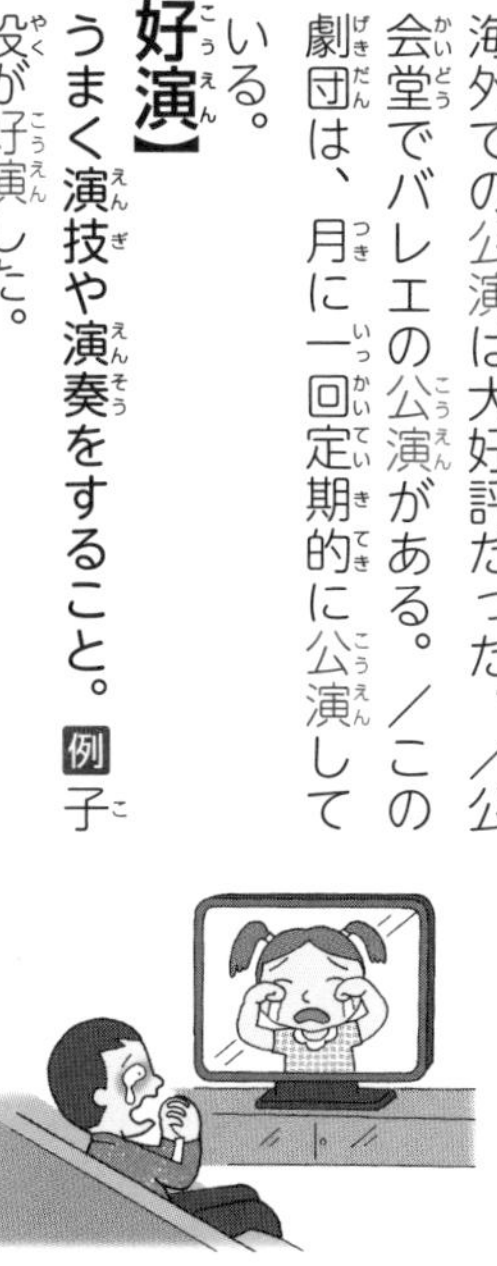

【講演】大勢の人の前で、ある問題について話すこと。例 作家が、日本の伝統文化について講演する。／登山家の講演を聞いて、登山に興味をもった。／大学の先生が、「バリアフリーの町づくり」というテーマで講演する。／講演を聞きながら、つい居ねむりをしてしまった。

こうかい 公開・航海

【公開】だれもが同じように、見たり、聞いたり、使ったりしてもよいようにすること。例 たくさんのサクラソウがさきそろうころに、庭園を公開する。／町の広報誌をインターネットにのせて情報公開を行う。

【航海】船で海をわたること。例 船が、長い航海を終えて港に帰ってきた。

こうがく 向学・好学・後学・工学・光学

【向学】

勉強にはげむこと。例 向学心にもえる。

【好学】学問をこのむこと。例「好学の士」と言われた博士。
参考「好学心」とは言わない。

【後学】将来、自分に役立つ知識。例 後学のために、教えてください。

【工学】（機械・電気・土木など）基礎的な科学を、物をつくり出すことに役立たせようとする学問。例 大学の工学部に入学する。

【光学】光について研究する学問。例 光学機器。

こうき　好期・好機

【好期】ちょうどよい時期。例 今が種をまく好期だ。／潮干がりの好期となる。

【好機】ちょうどよい機会。チャンス。例 一打逆転という好機をのがした。／会社発展の好機をむかえる。

こうぎょう　興業・興行

【興業】産業や事業を新しくおこすこと。例 明治時代には、国が殖産興業を唱えて、たくさんの会社がおこされた。

【興行】しばい・映画・すもうなどを、お金をとって見せること。例 すもうの興行が、この町にもやってくる。／映画の興行収入。

こうげん　公言・広言・高言・巧言

【公言】多くの人の前で、かくさずに堂々と言うこと。例 一流のアスリートなのに、意外にも練習がきらいだと公言してはばからない。

【広言】おおげさに言うこと。ほらをふくこと。例 今の状態をよく考えもせず、「絶対、成功します」と、広言をはく。

【高言】自分で自分をすぐれていると思って、いばってえらそうなことを言うこと。例「自分よりうまいやつはいない」と、高言する。

【こう（巧）言】

口先だけでうまくことばをかざること。例「今日はいちだんとすてきですね」と巧言で相手に取り入る。／巧言令色（＝口先がうまく、顔色をやわらげて人を喜ばせ、こびへつらうこと）。

こうこく　公告・広告

【公告】

国や公共団体が人々に広く知らせること。例市や区の公報で公告する。


【広告】

商品やもよおしものなどを人々に広く知らせること。例新聞の広告を見て買う。／広告代理店。

こうさつ　考察・高察

【考察】

（ものごとを明らかにするために）深く考え、よく調べること。例実験結果から、導きだされる結論を考察する。／日本と世界の文化のちがいを考察する。


【高察】

相手の「たぶんこうだろう」という考えを、敬っていうことば。例先生のご高察の通り、ぼくの夏休みの自由研究テーマには、深いわけがあります。／ご高察願います。

コラム　訓読みの話

漢字に日本語を当てはめたのが「訓読み」です。昔の中国語では、股の付け根から足首までを「脚」、足首から先を「足」と区別しましたが、日本語の「あし」は、股の付け根からつま先まで全部を指したため、「脚」も「足」も「あし」という「訓」になりました。

日本語が漢字を取り入れてから長い月日を経たため、もとが訓か音かわからなくなったものや、訓がすたれてもっぱら音で言うことばも多くあります。たとえば、「絵」を「エ」と読むのは、訓ではなく呉音です（漢音は「絵画」の「カイ」）。「肉」は「しし」（「いのしし」の「しし」）という訓がありましたが、いまではほとんど「ニク」という音しか使いません。「菊」や「蝶」も音ですし、「胃」「腸」「肺」「脳」など、体の内部の名前には音で言うものが少なくありません。

こうじゅつ　口述・公述

【口述】

口で言うこと。例いつもの筆記試験のあとで、口述試験がある。

【公述】公聴会などのおおやけに決められた場所で言うこと。例公聴会で公述する。

こうじょう　交情・厚情

【交情】親しいつきあい。また、それによる親しい気持ち。例ゆきこさんとは小学校以来の交情がある。

【こう（厚）情】自分に寄せられる親切な心。例ご厚情に感謝します。

こうせい　後世・後生・公正・校正・厚生・更生

【後世】のちの世。その人が死んだあとに来る時代。例その発明により、かれは後世に名を残した。／後世に語りつぎたい、美しい日本語。／後世になってようやく、その絵画の芸術性が認められた。

【後生】❶自分よりあとから生まれてくる人。対先生。
参考「先生」は、自分より先に生まれた人のこと。そこから、自分を指導してくれる「師」の意味になる。

❷自分よりあとから学ぶ人。例後生おそるべし（＝あとから学び始めた後輩の人は、若くて気力もあるので、がんばって勉強すれば、その進歩はおそるべきものである。若いからとあなどってはいけない）。
参考「後生」と読むと、相手にお願いをするときに使うことばになる。例後生だから（お願いだから）、許してください。▽「後生大事」は、非常に大事にすること。例後生大事にしまっておく。

【公正】一方にかたよらず正しいこと。例両方の言い分を聞いて、どちらが正しいか公正に判断する。／スポーツの審判員は、公正な判定をしなければならない。／法にもとづいた公正な裁判を求める。／公正取引委員会。

【校正】文字や文章のまちがいを直すこと。特に、印刷されたものと原稿を見比べて、印刷されたもののまちがいを直すこと。例みんなで手分けして学校新聞の校正をした。／校正者に原稿をチェックしてもらう。／校正記号を使って、まちがいを正す。

【こう（厚）生】人々の健康を保ち、生活を豊かにすること。例会社に勤めていた人が受け取る年金を厚生年金という。／この保養所は、父の会社の厚生施設の一つだ。／新しい薬は、その効果が厚生労働省に認められてはじめて、使えるようになる。

参考 ほかのことばにつけて使われる。

【こう（更）生】

❶一度悪くなった人が、考えを改めてよくなること。例 その男は、悪い仲間と別れてまじめに働き、りっぱに更生した。

❷手を加えて、もう一度使えるようにすること。例 古い洋服を更生する。

どっちかな？ ❶若いころは不良だったが、今では（公正　更生）して人のためにつくしている。

❷ひいきしないで、（公正　更生）なあつかいをしてほしい。

こうてい　工程・行程・航程

【工程】

作業を進めていく順序。また、その段階。例 お茶を製造する工程を本で調べる。／部品の組み立てから最後の包装まで、たくさんの工程を経て製品ができあがる。／和紙作りの工程はすべて手作業だ。

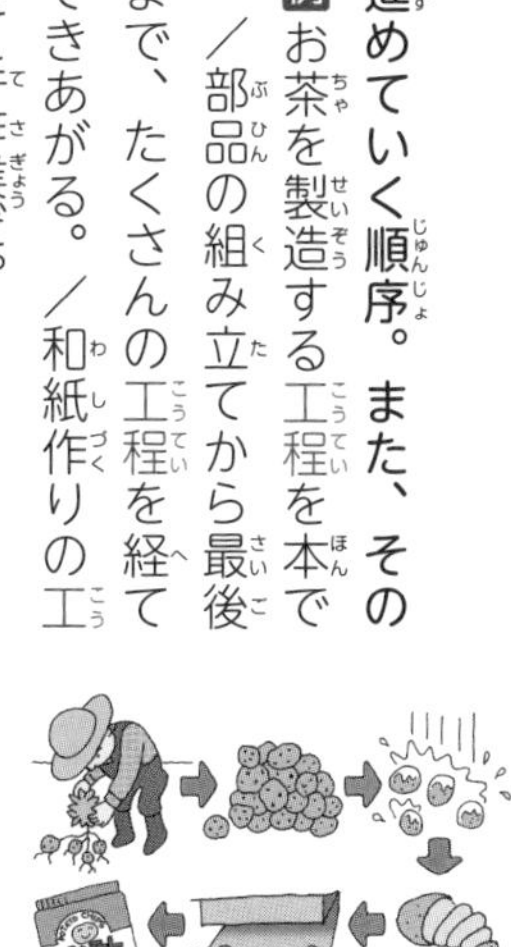

【行程】

❶歩いたり車に乗ったりして進む道のり。例 ここから山頂まで、歩いて五時間の行程だ。／一日二〇キロメートルの行程で東海道を歩く。／約四〇〇〇キロメートルの行程で争われる自動車レース。

❷旅行の日程。例 探検隊が、五日の行程を経て目的地に到着する。／修学旅行の行程が決まる。

【航程】

船や飛行機で行くときの道のり。例 沖のつり場までは、三十分の航程だ。

こうどく　講読・購読

【講読】

本を読んで、その内容を話して聞かせること。例『竹取物語』を講読する。

【こう（購）読】

本・新聞・雑誌などを買って読むこと。例 大好きなマンガが連載されている月刊誌を定期購読している。

どっちかな？こたえ ❶更生、❷公正

こうひょう　好評・講評

【好評】

よい評判。㊎悪評。不評。例新製品が好評で、売り上げがぐんとのびる。／展覧会が好評のうちに幕を閉じる。／若い人たちの間で好評だったテレビドラマが映画化されることになった。／絵画展では、新人の画家の作品が好評を博した（＝よい評判を得た）。


【講評】

理由をあげて説明し、批評すること。例絵画展の審査員が、入賞作品について一点一点講評する。／返ってきた作文には、先生の講評がついていた。

こうほう　公報・広報

【公報】

役所が広く国民に知らせるために出す印刷物。例選挙の公報を読む。


【広報】

多くの人に知らせること。例会社の広報部で働く。

参考 「後方」は、うしろのほう。

こうれい　好例・恒例

【好例】

何かを説明するのにちょうどいい例。例アリの巣は、虫の社会生活を知るための好例だ。


【こう（恒）例】

（儀式や行事などが）いつも決まって行われること。例恒例の百人一首大会が、今年も体育館で開かれる。／毎年恒例の、お雑煮会。

こうろ　行路・航路

【行路】
❶道を行くこと。例遠足の行路を変更する。
❷人として生きていく道。例長い人生行路、いろいろなことがありました。

【航路】

船や飛行機の通る決まった道すじ。例将来は外国航路の船員になりたい。／父は、飛行機の航路を書きこんだ地図を持っている。

こえる　越える・超える

【こえる（越える）】
あるものの上を通り、ほかへ移っていく。例山を越える。例国境を越える。
熟語 越冬・越年
⬇【越す】例年を越す。

【こえる（超える）】
ある分量や基準を上回って、先へいく。例千人を超える応援団。／想像を超える。熟語 超過・超人
⬇【超す】例一億円を超す、募金が集まった。
参考「超」は、「越」に書きかえることがある。

ごかん　五感・五官

【五感】

人間がもっている五つの感覚。視覚・聴覚・きゅう覚・味覚・触覚の五つ。例五感がするどい。

【五官】

ものを感じる五つの器官。目・耳・鼻・舌・皮ふの五つ。例五官の働きを調べる。

参考「官」は役人のことで、政府の役職になぞらえたことば。「目・耳・鼻・舌・口」の五つをいうこともある。

こくせい　国政・国勢

【国政】

国の政治。例国政に参画する。／国政も県政も市政も、ひとごとではすまされない。／国政選挙。

【国勢】

国の勢い。国の人口・産業・資源などのありさま。例五年ごとに各家に質問票が配られ、国勢調査が行われる。

こじん　古人・故人

【古人】

昔の人。例古人のことばから、大切なことを学ぶ。／古人の生活に興味がある。

【故人】

なくなった人。例アルバムを見て故人をしのぶ。／故人となる(=死ぬ)。／故人の冥福(=死後の幸福)をいのる。

こたえる　答える・応える・堪える

【答える】

❶ことばを返す。返事をする。例 名前を呼ばれたら、元気に答えてください。／弟の質問に答える。熟語 答辞・答弁・応答・回答

❷問題を解く。例 次の問題に答えなさい。熟語 答案・解答

【応える】

働きかけに対して、反応をしめす。例 みんなの期待に応えようと、運動会の学級対抗リレーで、せいいっぱい走る。／友だちが船の上から手をふっているのが見えたので、わたしも手をふって応えた。／客の要望に応えて、新しくメニューに加える。

熟語 応対・応募・反応

【こたえる（▼堪える）】

じっとこらえる。つらいことをがまんする。例 わたしの好きな力士が土俵際に追いつめられたが、なんとか持ち堪えた。／町一番の名物ギョーザは、ニンニク好きには堪えられない味だ。熟語 堪忍

参考「堪えられない」は、「このうえなくすばらしい」という意味になる。▽常用音訓にはない読み方。

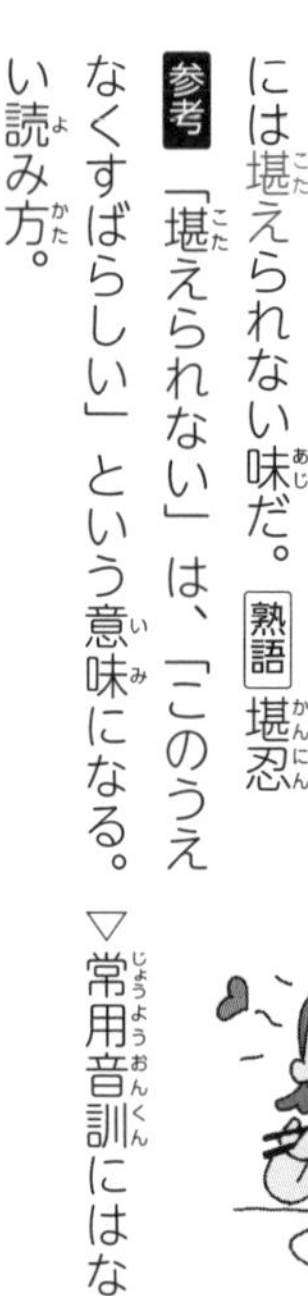

さいけつ　採決・裁決

【採決】

会議に出された案がいいかどうかを、賛成と反対の数によって決めること。例 十分に議論をしたうえで、採決にうつる。／この案についての採決は、出席者の挙手によって行います。／採決の結果、ぼくの提案が実行されることになった。

参考「採決」を訓で読むと、「決を採る」となる。

【裁決】

立場が上の人や役所が判断して、ものごとをどうするかを決めること。例 台風が近づいているため、遠足を中止するかどうか、校長先生の裁決をあおぐ。／大会委員会から、選手の入賞取り消しの裁決が下された。

参考「裁決」を訓で読むと、「裁いて決める」となる。

さいご　最後・最期

【最後】

❶**ものごとの、一番あと。**最終。対 最初。例 友だちの話を最後まで聞く。／集合時間におくれ、列の最後にならぶ。／運動会の最後の競技はリレーだ。／これが転校する友だちに会える最後のチャンスだ。

❷（「…したら最後」の形で）それっきり。例 姉は話し好きで、しゃべりだしたら最後、なかなか止まらない。

【最ご（期）】 死ぬまぎわ。死ぬとき。例 男は、心おだやかに最期の時をむかえた。／家族全員で祖父の最期をみとる。／有名な登山家が、なだれに巻きこまれて不運な最期をとげた。

参考「最期をとげる」は、人が家や病院以外の場所で特別な死に方をしたときに使われることが多い。

どっちかな？ ❶走り出したら（最後　最期）、だれにも止められない。
❷戦艦大和の（最後　最期）を見届ける。

ざいせき　在席・在籍

【在席】 仕事で自分の席にいること。例 会社に問い合わせたら「今外出していますが、午後は在席しています」と言われた。

【在せき（籍）】 学校や団体の一員として登録されていること。例 この学校の在籍生徒数は、一二〇〇人だ。／人気歌手が在籍している芸能プロダクション。

さがす　探す・捜す

【探す】 ほしい物を求める。例 読みたい本を図書室で探す。／探していた本がやっと見つかった。／地図をたよりに宝物を探す。熟語 探究・探検・探索

【さがす（捜す）】 見えなくなった物を求める。例 落とした財布を捜す。／犯人を捜す。／迷子を捜す。熟語 捜査・捜索

参考「人を捜す・人を探す」では、おもに前者は行方不明者のそうさくの意味、後者は求人の意味で使われる。しかし、はっきり使い分けられることは少ない。

さかな　魚・肴

【魚】 魚類のこと。うお。例 海で魚をつる。熟語 魚類・金魚

【さかな（肴）】 酒を飲むときに食べるもの。また酒を飲む席をおもしろくするための話。例 塩っからさがたまらない酒の肴をつまむ。／人のうわさを肴に酒を飲む。熟語 酒肴

どっちかな？こたえ ❶最後、❷最期

参考 もともと「さかな」は「酒＋菜」の意味からきたことば。「菜」はおかずのこと。江戸時代のはじめころから「魚」を指すのに「さかな」が使われるようになった。
▽「肴」は常用漢字外の字。

さく　割く・咲く・裂く

【さく（◆割く）】 あるもののために一部を分ける。例 わたしの話をわざわざ時間を割いて聞いてもらう。熟語 割愛・分割

【さく（▼咲く）】 花のつぼみが開く。例 サクラの花が咲く。

【さく（▼裂く）】 力を加えてはなす。例 きれを裂いてきずの手当てをする。／夫婦の仲を裂く。熟語 破裂・分裂

さす　指す・差す・注す・点す・射す・刺す・挿す

【指す】 ❶指で示す。取り上げて示す。例 妹はリンゴを指して「あれがほしい」と言う。／「これ」は、近くにある物を指していうことばだ。熟語 指示・指名

❷その方向へ向かう。めざす。例 わたり鳥が北を指して飛んでいく。熟語 指向・指針

参考 「ゆびさす」の場合は、「指指す」と「指」の字が重なるのをさけて「指差す」と書く。しかし、ふつう、「差す」はかな書き。

【差す】 ❶光が当たる。例 窓から朝日が差す。
❷あるようすが表にあらわれる。例 顔に赤みが差す。／ねむ気が差す。
❸帯などにはさむ。例 さむらいが刀をこしに差す。
❹かざす。例 雨が降ってきたので、かさを差す。
❺そそぐ。例 熱い湯に水を差す。／機械に油を差す。

【さす（◆注す）】 液体をつづけてそそぎ入れる。例 植木ばちに水を注す。／自転車のチェーンに油を注す。

参考 「差す」とも書く。▽常用音訓にはない読み方。

【さす（◆点す）】

液体をちょっとたらす。例 目薬を点す。
熟語 点眼・点滴
参考 常用音訓にはない読み方。

【さす（射◆す）】
光がてりこむ。例 西日が射しこむ。
熟語 射影・日射
参考 常用音訓にはない読み方。

【さす（刺▼す）】
先のするどいものでつき入れる。例 バラのとげで指を刺す。／ハチに刺されると痛い。熟語 刺殺
➡【刺さる】例 バラのとげが指に刺さる。

【さす（挿▼す）】
ある物のすきまにほかの物を加え入れる。例 いただいた花を花びんに挿す。／かみを結ってかんざしを挿すと、見ちがえた。／この辞典は、挿し絵がおもしろい。熟語 挿入・挿話

さめる
冷める・覚める・醒める・褪める

【冷める】
❶熱がうばわれて温度が下がる。例 スープが冷める。／冷めたコーヒーを飲む。／ふろの湯が冷めないうちに入る。熟語 冷却・冷蔵
➡【冷ます】例 熱いミルクを冷まして、赤ちゃんに飲ませる。対 温める。
❷高まっていた関心や気持ちがなくなる。例 アイドルに対する熱が冷める。／言い争いがもとで、友だちとの仲が冷める。／スタンドの観客の興奮が冷め、やっと静かになる。
➡【冷ます】例 興奮を冷ます時間が必要だ。

【覚める】
❶ねむっている状態が終わる。起きる。例 鳥の声で目が覚める。／手術が終わり、ますいから覚める。
➡【覚ます】例 母にふとんをはがされて、やっと目を覚ました。
❷夢やもの思いなどのぼんやりした状態からもとの状態にもどる。例 先生のアドバイスで、ぼくは迷いから覚めた。熟語 覚悟・覚醒
➡【覚ます】例 少しきつく言って、目を覚ましてやらないといけない。

【さめる（醒▼める）】
酒のよい、興奮、迷いなどがなくなる。例 夜風に当たってよいが醒めた。熟語 覚醒

↓【醒ます】 例 迷いを醒ますことば。
参考 ふつうは「覚める」と書く。▽常用音訓にはない読み方。

【さめる（褪める）】
色などがうすくなってあざやかさを失う。あせる。例 何度も洗っているうちに、ズボンの色が褪めてきた。／その光景を見て、顔色が青褪める。
参考 「褪色」は、色があせること。▽常用漢字外の字。

さわる　障る・触る

【さわる（障る）】
じゃまになる。害になる。例 食べ過ぎは体に障るので気をつけよう。／気に障る。／しゃくに障る。／耳障りな音がする。熟語 障害物・障壁

【さわる（触る）】
かるくふれる。例 子犬に触ったら、フワフワしていて気持ちよかった。熟語 触手・触覚・感触・接触

じき　時期・時機

【時期】
何かをする、ある区切られた時。おり。例 四月は入学の時期だ。／少し時期が早いが、スイカを食べた。／時期尚早（＝まだそれをする時期ではない）。

【時機】
ものごとを起こす、ちょうどよい時。チャンス。例 サッカーの試合で、ようやくこうげきの時機がきた。／弱い者は時機を待つ。強い者は時機を創造する。／時機到来。

コラム　なんで漢字には同音異義語が多いの？　その1

日本語を学習する人から「日本語を話すのは難しい」とよく言われますが、実は、日本語は世界の中でも発音の種類が少ない言語の一つです。母音は「あいうえお」と拗音の「やゆよ」の、八種類です。子音は「かさたなはまやらわ」と濁音「がざだば」、半濁音「ぱ」の十四種類です。これらの組み合わせと、撥音「ん」、促音「っ」、長音「ー」が加わるだけですから、百種類にもなりません。

中国語は日本語と比べると、母音も子音もはるかに種類が多く、中国語では区別する発音も日本語の発音では区別できません。そこで、漢字の音読みに同じ音のものが多くなってしまうのです。特に音がカ行やサ行で始まる漢字、末尾が「ウ」「ン」になる漢字は数が多く、同音語をたくさん作り出します。

しご　私語・死語

【私語】 みんながいる場での、ひそひそ話。例 授業中の私語はやめましょう。

【死語】 昔は使われていたが、現在ではほとんど使われなくなったことば。例 昔は、カラーテレビのことを総天然色テレビジョンと言ったが、今では死語になった。

しこう　志向・指向

【志向】 心があることにむかうこと。例 政治家を志向する。／高級志向。

【指向】 ある方向や目的を目指すこと。例 指向性マイクを用意する。

参考 「思考」は、深く考えること。

しじ　支持・指示・師事・指事

【支持】 ほかの人の意見などに賛成して助けること。例 クラス会では、上田君の意見を支持する人が多かった。／わたしは、会の運動方針を支持する。／どの政党を支持するか、アンケート調査をする。／政党支持率。／保守党の支持者。

【指示】 ❶さししめすこと。例 見学の順路を矢印で指示する。／文章中の「それ」の指示する内容を考える。❷指図すること。例 生徒たちが、先生の指示に従って、ひ難訓練をする。

【師事】 ある人を先生として教えを受けること。例 世界的に有名な学者に師事する。／活躍中の作曲家に師事し、歌手としてデビューする。

参考 「師」は「教える人」、「事」は「仕える」の意味。

【指事】 数や位置といったばく然としたことを、印を使ってあらわす漢字のつくり方。

参考 「上」は「一」のうえに「・」を、「末」は「木」のうえはしに「一」をつけた指事文字。

じしん　自信・自身

【自信】 自分のもっている力やねうちをかたく信じること。例 ぼくは、水泳には自信がある。／自信をもって試合にのぞむ。／この絵は母の自信の作だ。
参考 「自信満々」は「自信が十分にあること」という意味。

【自身】 ❶自分。例 作家が、自身の作品について語る。／水泳選手が、自身のもつ世界記録を上まわるタイムを出す。
参考 「自分」よりもあらたまった場面で使われる。
❷（ほかのことばについて）そのもの。それ自体。例 かれの進路は、かれ自身で考えて決めるべきだ。／作曲者自身によるピアノの演奏会が開かれる。

しずめる
静める・沈める・鎮める

【静める】 ❶物音がしないように、しずかにさせる。例 駅前のさわぎを静める。／鳴りを静める。
⬇【静まる】例 先生の声で、教室が瞬時に静まる。
❷乱れた感情が落ち着く。例 心を静める。／気を静める。
⬇【静まる】例 あれていた心が静まる。熟語 安静

【しずめる（沈める）】 水中にしずむようにする。例 海底に船を沈める。／体をふろに沈める。熟語 沈船・沈没

【しずめる（鎮める）】 ❶おさえつけて、動かないようにする。やわらげる。例 過熱した反対運動を鎮める。／痛みを鎮める。熟語 鎮圧・鎮魂・鎮痛
⬇【鎮まる】例 暴動が鎮まる。
❷神をその地にとどまらせる。例 神を鎮める。熟語 鎮座・鎮守
参考 音については「静める」を、それ以外は、「静める」「鎮める」ともに使う。

じせい
時世・時勢・自制・自省

【時世】 移り変わる世の中。時代。例 災害つづきで、大変なご時世だ。

【時勢】 世の中の流れ。例 時勢に乗った発言で、世の中の注目を

集める。／時勢には逆らえない。

【自制】 自分の気持ちや欲を自分でおさえること。例 お金をためてギターを買うために、今、お年玉を使うのは自制しよう。／自制心。

【自省】 自分のしたことや言ったことを、自分で反省すること。例 罪を深く自省する。

じてん 事典・字典・辞典

【事典】 いろいろな事柄をあらわすことばを集め、内容をくわしく説明した本。例 百科事典で岩石の種類を調べる。参考 「事典」には、「百科事典」「医学事典」などがある。▽事典を「ことてん」、字典を「もじてん」、辞典を「ことばてん」といって区別することもある。

【字典】 漢字を決まった順序にならべ、漢字の意味や読み方などを説明した本。

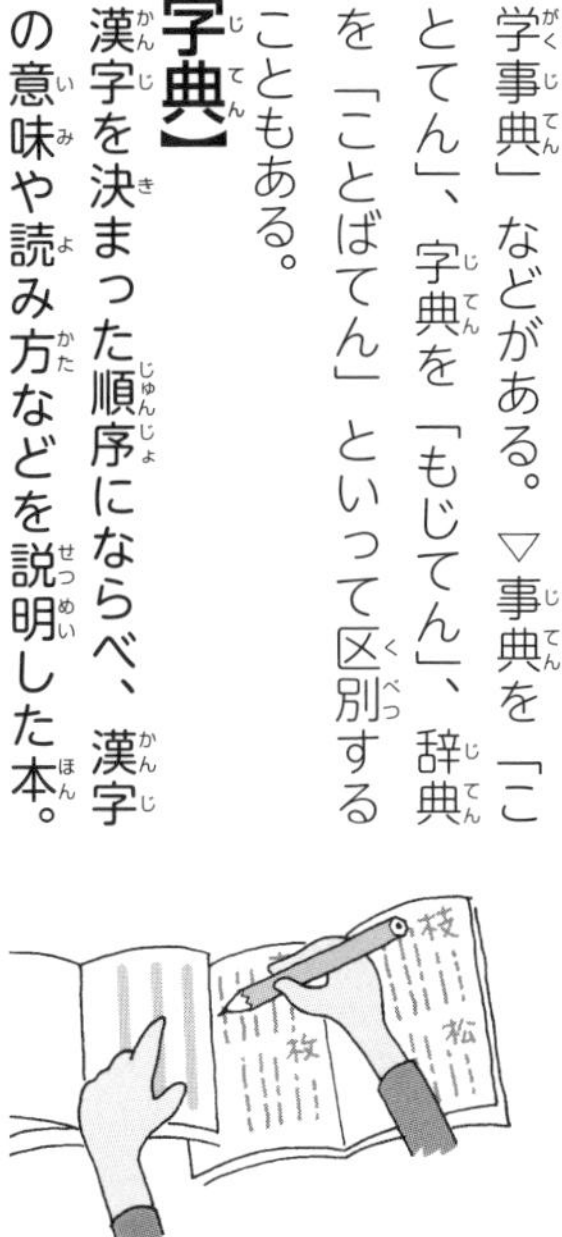

例 母は、字典を見ながら、ペン習字の練習をしている。参考 「字典」には、「漢字字典」「筆順字典」などがある。

【辞典】 ことばを決まった順序にならべ、ことばの意味や使い方などを説明した本。例 国語辞典で意味を調べる。参考 「辞典」には、「国語辞典」「ことわざ辞典」「慣用句辞典」「英和辞典」などがある。

収める…
治める…
納める…

じにん 自任・自認

【自任】 自分がそれにふさわしく、資格があると思いこむ。例 美食家を自任する。／この件については一番くわしいと、自任している。参考 能力以上の思い上がりの場合に使うこともある。

【自にん（◆認）】 自分がした失敗などを自分でみとめる。例 まちがいを自認する。／うぬぼれを自認する。

しのぶ 忍ぶ・偲ぶ

【しのぶ（忍ぶ）】
❶がまんする。例 はじを忍んでお願いに上がりました。／今はつらくとも、じっとたえ忍んでがんばる。熟語 忍従・忍耐
❷人に知られないように、こっそり行動する。例 人目を忍んで会う。／町人は世を忍ぶ仮の姿で、実はお城の殿様であった。熟語 忍者・忍術

【しのぶ（偲ぶ）】

なつかしく思い出す。例 亡くなった友を偲んで、ささやかな会を開く。／故郷を偲んで立てた石碑。／亡き恩師を偲ぶ。

参考 常用漢字外の字。

しぼる 搾る・絞る

【しぼる（搾る）】

おしつけたりしめつけたりして、無理に出させる。例 牛の乳を搾る。／農民から年貢を搾り取る。熟語 搾取・搾乳

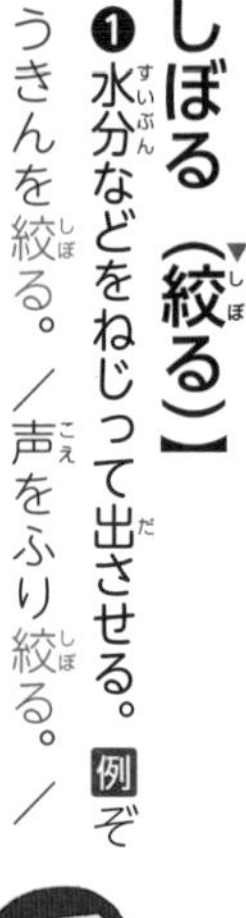

【しぼる（絞る）】
❶水分などをねじって出させる。例 ぞうきんを絞る。／声をふり絞る。／知恵を絞る。

❷範囲を限定する。例 候補者を五人に絞る。／オリンピック開催地を二都市に絞る。
参考 「搾」「絞」は区別しないで使われる場合もある。一般に、乳・油や金銭の場合は、「搾」を使うことが多い。

しめい 指名・使命

【指名】

あることをするよう、名前をさししめすこと。例 投票の結果、山田さんを学級会の司会に指名する。／先生に指名されて教科書を読む。／補欠の選手が、代打に指名される。／銀行強盗が指名手配される。


【使命】

あたえられた務め。自分の役目。例 新聞の使命は、事実を伝えることだ。／大臣が、重大な使命をおびて国際会議にのぞむ。／戦争で生き残った者の使命として、戦争のむごさを伝えていくと祖父は言う。

参考 「使命感」は、「使命をはたそうとする強い気持ち」のこと。「使命感に燃える」などと使う。

しめる 閉める・絞める

【閉める】
(戸・窓・ふたなどを) とじる。店などを終わりにする。
㊎開ける。例カーテンを閉める。/窓を閉める。/ソースのふたを閉める。/店を閉める。熟語 閉館・閉鎖・閉店
⬇【閉まる】例ドアが閉まる。/店が閉まる。

【しめる(絞める)】
(首を) ひも・うでなどで強く力を加えて、息ができないようにする。例ニワトリを絞めて、料理する。/首を絞める。熟語 絞殺・絞首
⬇【絞まる】例首が絞まる。

しめる 締める・緊める

【しめる(締める)】
❶巻きつけて結ぶ。ゆるみのないようにする。引きしめる。例着物の帯を締める。/ネジを締める/財布のひもを締める。
⬇【締まる】例ネジが固く締まる。
❷区切りをつけて、合計する。例こちらとこちらで、お買い上げは締めて九八〇〇円です。/月末の帳簿を締める。
❸区切りをつけて、最後とする。例フルコースを食べて、最後にデザートで締める。
❹料理で使うことば。魚などの頭を落として血ぬきすることや、塩や酢などで水分をぬくことなどに、はば広く使われる。例サバを酢で締めたバッテラが大好物です。/タイの白身をコンブで締める。/漁師さんがつったばかりの魚をすぐに締めて、刺身にしてくれた。
参考「締める」は、「〆る」のように書かれることもある。

【しめる(緊める)】
引きしめる。緊張させる。例うわついた気持ちを緊める。/場を緊める。参考ふつう「締める」と書く。▽常用音訓にはない読み方。

どっちかな? 今日の夕ごはんはチーズケーキで(閉め 絞め 締め)よう。

じゃっかん 弱冠・若干

【弱かん(冠)】
❶男子の二十才。
❷その才能の豊かさに比べて年が若いこと。例弱冠十五才の少女が、フィギュアスケートの世界大会で優勝した。
参考「弱」は、若いの意味。昔、男子が二十才になると

大人とみなされ、冠をかぶったことから。▽「若冠」と書くのは誤り。

【じゃっ（若）干】 少し。例 若干名（＝二〜三人程度のこと）。／若干のお金。／大盛りといったが、若干物足りない。

しゅうかん　週刊・週間

【週刊】 新聞や雑誌などを、一週間に一回発行すること。例 このタウン誌は週刊で、毎週火曜日に発行されている。／わたしは、週刊の子ども新聞をとっている。

【週間】 ❶七日間（日曜日から土曜日まで）を単位として日数を数えることば。例 図書館の本の貸し出し期間は一週間だ。／夏休みの初めの二週間。
❷（ほかのことばにつけて）そのことに関する行事を行う七日間。例 動物愛護週間。

どっちかな？ この（週刊　週間）誌の連載を読むには、あと（一週刊　一週間）待たねばならない。

しゅうぎょう　修業・終業・就業

【修業】 学問や技を習いおぼえること。例 看護学校の修業証明書。／精を出して修業する。
参考「しゅぎょう」とも読む。

【終業】（ある決まった時間内で）仕事や勉強を終えること。対 始業。例 父の会社の終業は午後五時です。／今日、一学期の終業式が行われた。いよいよ夏休みだ。／始業時刻は朝の九時で、終業時刻は夕方の五時です。

【就業】 仕事につくこと。仕事にとりかかること。例 朝九時に就業する。／就業時間は、八時間です。／就業人口。／就業率（＝十五才以上の人口の中で、実際に仕事についている人の割合）。

しゅうし　終止・終始

【終止】 終わること。おしまい。例 無意味な争いにようやく終止符を打つ（＝ものごとを終わらせる）。
参考「終止符」は、「．」（英文などで文の終わりにつける点）のこと。▽「。」は句点という。

【終始】

❶ **始めから終わりまで、ずっと。** 例 入院中の父は、家族との面会の間、終始楽しそうに話していた。

❷ **始めから終わりまで、態度や状況が変わらないこと。** 例 約束を破った理由を問われ、苦しい言い訳に終始する。／試合で、守りに終始する。

参考 「終始一貫」は、「始めから終わりまで変わらないこと」という意味。

しゅうしゅう　収集・収拾

【収集】

❶ **一つにとりあつめること。** 例 火曜日と金曜日が燃えるごみを収集する日です。

❷ **研究や楽しみのために、同じ種類のものをあつめること。** 例 インターネットでバスの情報を収集する。／わたしの趣味は切手の収集だ。／祖母は、古い焼き物を収集している。／あの人は、ヨーロッパの絵画の収集家として知られている。

【収しゅう（拾）】

乱れているものごとを、おさめまとめること。 例 会議は、意見がはげしく対立して、収拾がつかなくなった。／飲食街でのさわぎを収拾するために警官が出動する。／部屋が収拾のつかないほど散らかる。／話し合いがうまくいって、両国の争いが収拾に向かう。

じゅうしょう　重傷・重症

【重傷】

（命にかかわるような）ひどいけが。 対 軽傷。例 車にはねられて、重傷を負う。

【重しょう（症）】

（命があぶないほど）病気が重いこと。 対 軽症。例 重症の患者。

しゅうち　周知・衆知

【周知】

広く知れわたっていること。また、広く知らせること。 例 周知の事実。／決まりを周知徹底させる。

【衆知】

大勢の人々の知恵。 例 衆知を集める。／衆知を結集した計画案。

しゅうりょう　修了・終了

【修りょう（了▼）】

（学問や技術など）さだめられたことを学び終えること。

例 小学校の課程を修了する。／校長先生から修了証書を授与される。


【終りょう（了▼）】

あるものごとがすっかり終わること。また、終えること。

例 野球の試合が終了する。／値引きセールを終了する。／そのドラマは、全二十回をもって終了となった。

しゅうろく　収録・集録

【収録】

新聞や本に取り上げて、のせること。また、映像や音を記録すること。例 辞典に収録されたことば。／テレビ番組の収録。／電車の音を収録する。


【集録】

あつめて記録する。例 地方の民話を集録する。

しゅぎょう　修行・修業

【しゅ（修◆）行】
❶仏の教えを学び、さとりを得られるように努力すること。例 寺に入って修行する。／厳しい修行を積んで、りっぱな僧になる。
❷学問や武芸などをおさめ、自分をきたえること。例 宮本武蔵は、人生を終えるまで修行の旅を続けた。／サッカーがうまくなりたくて、イタリアに武者修行に行く。

【しゅ（修）業】
学問や技を習って、身につけること。
例 この店の主人は、フランスで料理の修業をしてきたそうだ。／兄は、今、プロゴルファーを目指して修業を積んでいる。／有名な画家に入門して、絵の修業をする。
参考 「しゅうぎょう」とも読む。例 修業証書。

しゅし　主旨・趣旨

【主し（旨▼）】

文章や話の中心となる意味。例 「大造じいさんとがん」の主旨を読み取る。


【しゅし（趣▼旨▼）】

ものごとをするめあて。例 大会の趣旨は、スポーツを通じた町民どうしの交流だ。

参考 新聞では、「主旨」と「趣旨」を区別しないで、「趣旨」を使う。

じゅしょう

受賞・授賞・受章・授章

【受賞】 **賞を受けること。賞状・賞品などを受け取ること。** 対 授賞。 **例** 兄が、ピアノのコンクールで金賞を受賞する。／日本人の科学者がノーベル賞を受賞する。／力士が、技能賞を受賞した喜びを語る。

参考 「受賞」は賞をあたえられる側からいうことばなので、「受賞式」という言い方はしない。

【授賞】 **賞を授けること。賞状・賞品などをあたえること。** 対 受賞。 **例** ノーベル賞が日本人の科学者に授賞されると発表があった。／文学賞の選考委員が、授賞の理由を説明する。／音楽賞の授賞式のようすが、テレビで放送される。

【受章】 **くん章を受けること。** **例** 文化くん章を受章する。

【授章】 **くん章を授けること。** **例** 授章式。

コラム なんで漢字には同音異義語が多いの？ その2

中国から漢字を取り入れたとき、同時に漢字の発音も日本語に取り入れられました。ところが、中国語は母音と子音の種類が多く、それと比べると日本語は音の種類が少なかったのです。そこで、中国語のいくつもの音が日本では同じ音にまとめられることになります。

たとえば、昔の中国語で「海（hai）」や「開（kai）」のようにhやkで発音する漢字は、日本語の音読みになると「カイ」と同じカ行音になりました。また末尾の音に注目すると、「修 xiu」のようにuで終わるもののほか、「上（shang）」「陽（yang）」などngで終わるものも「シュウ」「ジョウ」「ヨウ」というように「ウ」で終わる日本語の音としてまとめられました。こうして、日本語の漢字には同音が増えていきました。

しゅせき

主席・首席

【主席】 ❶ **（客をむかえるときの）主人の席。** **例** パーティーのときには、主席と客席の位置に気をつける。
❷ **国や団体を代表する人。** **例** 中国の国家主席が来日する。／党の主席をつとめる。／研究所の主席研究員。

【首席】 **第一位の順位。一番。** **例** 大学を首席で卒業した。／オーケストラの首席奏者。

しょうかい　照会・紹介

【照会】 はっきりしないことを問い合わせること。例 野球教室の申しこみ方法について、市の担当者に照会する。／製菓会社に、工場見学が可能かどうかを照会する。／デパートの年末年始の営業時間をメールで照会する。

参考 「照会」の「照」は「てらし合わせる」という意味で、「照合・参照」の「照」と同じ意味をあらわす。

【しょうかい（紹介）】

❶ **知らない人どうしを引き合わせること。** 例 母に友だちを紹介する。／兄は、おじに紹介してもらった会社でアルバイトをしている。

❷ **ものごとを人に知らせること。広めること。** 例 新聞に新刊本を紹介する記事がのる。

参考 「自己紹介」は、「初めて会う人などに、自分のことをいろいろ知らせること」という意味。「介」は、間に入ること。

しょうがく　小額・少額

【小額】 （一つの品物や紙へいについて）金額や額面が小さいこと。対 高額。例 小額の紙へいだが、たくさんの寄付が集まった。

【少額】 （手持ちや集めた金額をまとめて）金額が少しであること。対 多額。例 少額しか持っていない。

しょうしつ　消失・焼失

【消失】 消えてなくなること。例 置いてあった荷物が消失する。／森林の消失は、地球の環境に大きなえいきょうをおよぼす。／おたまじゃくしが成長すると、しっぽが消失する。

【焼失】 焼けてなくなること。また、焼いてなくすこと。例 お寺の仏像が火事で焼失する。／江戸時代には、火災で多くの家屋が焼失した。／焼けあとから、焼失をまぬがれた人形が出てきた。

しょうしゅう　招集・召集

【招集】多くの人を呼びあつめること。例 児童を招集して話す。／国際試合の前に、選手を各チームから招集する。

【しょう（召）集】国会を開くために国会議員をあつめること。例 国会を召集する。

参考 「召集」は、もとは戦争のために軍人となる人を軍隊にあつめること。例 召集令状。

しょうすう　小数・少数

【小数】0より大きく、1より小さい数。0・1、0・01など。例 4・25の小数の部分を切り捨てて4とする。／小数0・5を分数に直すと二分の一（1/2）になる。／ぼくは小数の計算が苦手だ。

参考 「小数点」は、ここからあとが小数であることを示すために、一の位のあとにつける点のこと。

【少数】数が少ないこと。対 多数。例 山田君の出した案に反対した人は少数だった。／だれもが住みよい町をつくるには、少数の意見も尊重したほうがよい。／この会の会員になれるのは、限られた少数の人たちだけだ。／この地方の少数の村に残る伝統行事をビデオに記録する。／少数民族。／少数精鋭。

じょうたい　状態・常態・常体

【状態】ものごとのありさま。例 健康状態を調べる。

【常態】いつものようす。例 鉄道ダイヤが常態にもどる。

【常体】文章の終わり方が「〜だ。」「〜である。」となること。対 敬体。

しょくりょう　食料・食糧

【食料】食べ物。その材料などもふくめた食べ物全体。例 水と食料を買う。／食料品。

【食りょう（糧）】米・麦などの主食となる、食べ物。例 大きな災害で、食糧不足におちいる。／一年分の食糧備蓄。

食糧危機。／食糧事情が悪い。

参考 「食糧」は、米・麦などの主食のことで、「生きていくために必要な、かて」の意味合いをもつ。「食料」は、食べ物全体をあらわすほか、特に魚や肉、野菜、果物など、主食以外の食べ物、料理の材料としての食べ物を指すのにも使われる。

しょよう 所用・所要

【所用】
用事。例 父は、所用で出かけています。／会議に出席する前に所用をすませる。／その日は所用があって、集まりには参加できない。／所用のついでに書店に立ち寄る。

参考 用事の内容を具体的に言わずにすませるときなどに使う。

【所要】
あることをするのに必要とすること。例 工事完成までの所要の日数を計算する。／式を行うにあたって、所要の品々を買いそろえる。／入会する前に所要の手続きをすませる。

参考 「所要時間」「所要日数」「所要量」のように、ほかのことばにつけて使われることが多い。

じりつ 自立・自律

【自立】
人にたよらないで、自分の力でものごとをやってゆくこと。例 学校を卒業して自立する。

【自律】
自分で立てたルールに従って行動すること。例 自律は自由なようだが、ほんとうに難しい。／自律神経。

しりょう 史料・資料

【史料】
昔の人が書いた手紙や使っていた道具など、歴史研究の材料。例 蔵の中から、大量の史料が発見された。／江戸時代の史料が近くの博物館には、たくさんある。

【資料】
ものごとを調べたり、学習したりするときの材料になる記録や書物。データ。例 自由研究のための資料を集める。／発表会で参考資料を配る。／社会科資料集。

しれい 司令・指令

【司令】

軍隊を指揮し、かんとくすること。例司令官の命令に従う。／司令部。

【指令】地位が上の人が命令すること。また、その命令。例消防車に指令して火事現場に行かせる。／指令室。

じんこう 人工・人口

【人工】人の手を加えてつくり出すこと。人間の力でつくること。対天然。自然。例川をせき止めて、人工の湖をつくる。／人工の雪を降らせて屋内スキー場をつくる。／人工のパールを使ったネックレスをつける。／人工衛星を打ち上げる。／すぐに人工呼吸をほどこす。

参考 似た意味のことばの「人造」は、自然のものに似せてつくり出したものであることを示す。代用や模造といった意味をもつことがある。例人造ダイヤ。／人造人間（＝ロボット）。

【人口】ある広さに住んでいる人の数。例日本の人口は一億二千万人くらいだ。／村では、二十才以下の人口が減っている。

参考「人口密度」は、「ある面積の土地に住んでいる人の数の割合」という意味。

しんじょう 心情・信条・真情

【心情】心の中で思っていること。気持ち。例物語の主人公の心情を考える。

【信条】かたく信じて守っていること。例正直に生きることが、信条です。

【真情】うそがないほんとうの心。まごころ。例真情を述べて、社会にうったえる。

しんせい 新生・新星

【新生】新しく生まれること。そこから、「新たに生まれ変わる」意味にも使われる。例病院の新生児室で生まれたばかりの赤ちゃんを見る。／新生日本。

【新星】新しく発見された星。そこから、芸能界などで人気の出てきた「新しいスター」の意味にも使われる。例毎晩、夜空を見つづけて、新星を発見する。／お笑い界の新星として注目を集める。

コラム　二つ以上の漢字で、一つの訓をあらわすことば

訓は一つの漢字にあてられていますが、二つ以上の漢字で一つの訓をあらわすものもあります。この読み方を「熟字訓」といいます。「今日」は音読みで「コンニチ」、訓読みで「きょう」と読みますが、「今」を「きょ」、「日」を「う」と読むわけではありません。「今日」という文字のならび全体で「きょう」と読むのです。「明日」「大人」「梅雨」「五月雨」なども、この熟字訓の仲間です。

動植物の名前には、熟字訓がよくあてられます。「海星（ひとで）」「百足（むかで）」「土筆（つくし）」などは、いかにもという感じがします。一方、「河馬（かば）」「大豆（だいず）」「胡麻（ごま）」などは、漢語の音読みがそのまま日本語となったものです。本来「訓」は、漢字の意味を和語にあてたものですが、「金糸雀（カナリヤ）」や「秋桜（コスモス）」のように、外来語にあてたものもあります。

しんちょう　深長・慎重

【深長】
ふかい意味がかくされているようす。例 意味深長（＝かくれた特別な意味があるようす）な話。

【しん（慎）重】
かるがるしく行動しないこと。例 ガラスは慎重にあつかう。／大臣は慎重にことばを選んで発言した。

参考 「慎」は、つつしむ。「重」は、おもおもしい。

しんてん　進展・伸展

【進展】
ものごとがすすみ広がること。例 大きな問題に進展する。

【しん（伸）展】
勢いや大きさなどが、のび広がること。例 事業が伸展したお祝いをする。

参考 「展」は、広げて引きのばすこと。「発展・展開」の「展」も同じ意味。

しんどう　振動・震動

【しん（振）動】
❶ゆれ動くこと。例 車がでこぼこ道で振動する。
❷（ふりこのように）ものがある決まった時間ごとに、くり返し同じような運動をすること。例 ふりこ時計はふりこの振動で正しい時間をきざむ。／音波振動歯ブラシ。

【しん（震）動】（大きなものが）ふるえ動くこと。例ごう音とともに激しい震動が伝わってきた。／トラックが通った震動で、本だなから本が落ちる。／火山が爆発して震動が起こる。

しんにゅう　進入・侵入・浸入・新入

【進入】すすんでいって、ある場所に入ること。例列車が駅に進入する。／進入禁止の道路標識。

【しん（侵）入】よその家やよその国にむりに入りこむこと。例だまって家に侵入するのは、犯罪だ。／不法侵入。

【しん（浸）入】水が土地や建物に入りこむこと。例大雨で、川の水がゆか下に浸入する。

【新入】新しく仲間に入る。例新入社員。／新入生。

しんろ　針路・進路

【針路】❶船や飛行機のすすむ方向。例船は、台風をさけて針路を北にとった。
❷組織などがめざす方向。例会社の針路を決める重要な会議が開かれる。
参考「針路」の「針」は「羅針盤（＝船や飛行機などにある、すすむ方向を知るための道具）の針」をあらわす。

【進路】❶すすんでいく道。すすんでいく道すじ。例台風が進路を東に変える。／たおれた木が、車の進路をさえぎる。
❷人が将来すすむ方向。例兄が中学校卒業後の進路を両親と話し合う。

すいせい　水生・水性

【水生】動物や植物などが水の中で生活すること。対陸生。例水生動物のザリガニを川で探す。／ハスは、水生植物だ。

【水性】水にとけやすい性質をもっていること。例水性絵の具で、花の絵をかく。／水性ペンでかいたものは、水で洗うと落ちる。／水性ボールペン。

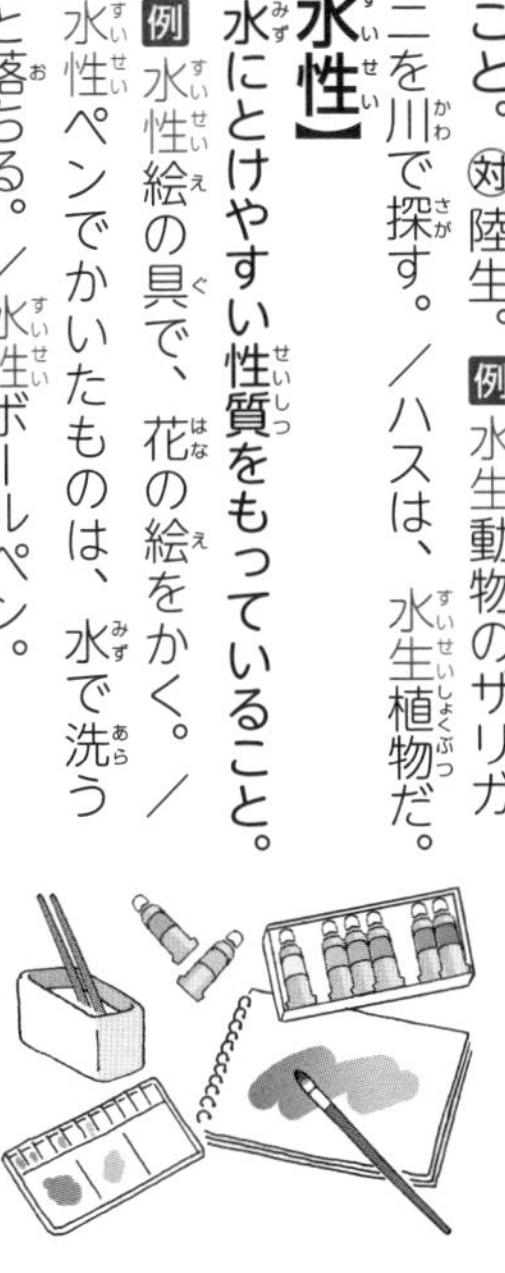

すえる

据える・饐える

【すえる（据える）】
❶一か所に置いて、動かさないようにする。しっかりと落ち着かせる。例 台所に冷蔵庫を据える。／小さい子がほえる犬に目を据えて見ている。／腰を据えて勉強する。
❷ある地位につかせる。例 しっかりした人を議長に据える。

【すえる（饐える）】

（食べ物や飲み物などが）くさってすっぱくなる。例 タマネギの饐えたにおい。

すすめる

進める・勧める・薦める・奨める

【進める】

前に行かせる。例 将棋のこまを進める。／学級会を進める。熟語 進学・進級・進路

【すすめる（勧める）】

人にさそいかける。また、そうするように働きかける。例 入会を勧める。／おいしいからと、料理を勧める。

熟語 勧告・勧誘

【すすめる（薦める）】

人や物を取り上げてくれるように言う。例 山田さんを学級委員に薦める。／おもしろい本を薦める。

【すすめる（奨める）】
よいことだと、すすめてはげますこと。例 勉学を奨める。
熟語 奨学・奨励
参考「勧める」に書きかえることができる。▽常用音訓外の読み方。

せいいく

生育・成育

【生育】

植物がそだつこと。例 アサガオの生育を観察する。


【成育】

人や動物がそだつこと。例 子どもの成育を楽しみにする。

参考 動物と植物をいっしょにして言うときは、「成育」を使う。

せいかく

正確・精確

【正確】

正しくて、まちがいがないこと。例 正確な時刻を知る。


【精確】

より細かくて、たしかなこと。例 精確な機械をつくる。

せいこう 性向・性行

【性向】 どのような性質の人なのか、ということ。例 明るい性向の人もいれば、おこりっぽい性向の人もいる。

【性行】 人の性質やふだんの行い。例 子どもたちの性行を観察する。／性行不良。

せいこん 精根・精魂

【精根】 心や体を働かせるもとになる、力とねばりづよい根気。気力。例 暑い中での草取りに精根を使い果たした。

【精こん（魂）】 何かに打ちこむ精神力。たましい。例 精魂をこめて、野菜を育てる。

せいさく 制作・製作

【制作】 絵や彫刻など芸術作品をつくること。例 油絵を制作中だ。

【製作】 品物をつくること。例 ギターを製作する工房。

参考 芸術作品には「制作」を使う。テレビ番組には、「製作」も使うが「制作」を使うことが多い。

せいさん 成算・清算・精算

【成算】 ものごとをうまくやりとげる見こみ。成功の見とおし。例 わたしには、必ず相手を説得できるという成算がある。／何の成算もなしに敵に立ち向かうのはむちゃだ。／成算があって始めたはずの仕事が失敗した。

【清算】 ❶貸し借りなどを片づけて整理すること。例 これまでの借金を清算する。
❷今までの関係やつながりをなくすこと。例 過去を清算して、新しい生活を始める。／悪い仲間とのつきあいを清算する。

【精算】 金額を細かく計算して、結果を出すこと。例 食事の代金を精算する。／乗りこした電車の駅で、乗りこし料金を精算する。／家の改築工事にかかった費用を精算してもらい、代金をしはらう。

せいし　制止・静止

【制止】 おさえてやめさせること。例 観客が係員の制止をふりきって会場になだれこむ。／電車にとび乗ろうとする乗客を駅員が制止する。／警官が、路上でのけんかを制止する。／弟が大声を立てそうになるのを制止する。

参考 「制」は、「おさえる」という意味。同じ音読みの「製」を使って「製止」としない。

【静止】 じっとして動かないこと。対 運動。例 転がってきたボールが、足もとで静止する。／モデルの女性は、ポーズをとったまま静止している。／流していた動画を止めて、静止した画面をチェックする。

せいそう　正装・盛装

【正装】 あらたまった身なりにすること。例 正装して結婚式に出席する。

【せい（盛）装】 美しく着かざること。例 ドレスで盛装した人たち。

せいたい　生体・生態

【生体】 生きているままのからだ。対 死体。例 生体反応。／生体認証。

【生態】 生きものが生活しているようす。例 アリの生態を観察する。／若者の生態。／森の生態系をこわさないよう注意する。

せいちょう　生長・成長・清聴・静聴

【生長】 植物が育って大きくなること。例 アサガオの生長のようすを観察する。／天候が不順で、イネの生長がおくれる。／十年前に植えた木が、高さ二〇メートルにも生長している。／生長のはやい木を植えて、森林を復活させる。

【成長】 ❶人や動物が育って大きくなること。また、一人前になること。例青虫は、成長してチョウになる。／おじいさんは、孫の成長を楽しみにしている。

参考「植物が育って大きくなる」という意味で、「成長」を使うこともある。▽動物と植物をいっしょにして言う場合には、「動植物の成長」のように、「成長」を使う。

❷ものごとが発展すること。例この会社は、めざましい成長をとげた。

【清ちょう（▼聴）】
相手がよくきいてくれる。例ご清聴、ありがとうございました。

参考自分の話を聞いてくれた人に対し、感謝の気持ちをこめて言う。

【静ちょう（▼聴）】
しずかにしてきくこと。例ご静聴願います。

せいとう　正当・正統

【正当】
法律やりくつに合っていて、だれもが正しいと思うこと。
対不当。例かれがそこまで言うには、正当な理由がある。／自分のまちがいなのに、理由をつけて正当化する。

【正統】
❶正しい血筋。例皇位の正統。
❷学問や思想、方法などを正しく受けついでいること。
対異端。例剣術の流派の正統を受けつぐ。

せいねん　成年・青年・盛年

【成年】
心や体が一人前になったと見られるとし。（日本の法律では満十八才以上をいう。）対未成年。例成年に達した人には選挙権があたえられる。／コンクールの成年の部で入賞する。／父が、成年男子一〇〇メートル競走に出場した。／成年男女十人と子ども五人のグループで旅をする。

参考「未成年」を「未青年」と書くのはまちがい。

【青年】
二十才前後の若い男女。例町内の青年たちが集まって、祭りの準備をする。／十年たち、少年はたくましい青年に成長した。／父は、若いころは、文学の好きな青年だったそうだ。

参考「青年」だけで使う場合は、「若い男性」を指すことが多いが、「青少年」「青年期」などというときは、男女ふくめていうのにも使う。

【せい（◆盛）年】
わかくて元気なとしごろ。例盛年の時代は二度ともどらない。

せいひ　正否・成否

【正否】

正しいか正しくないか。例 正否をあきらかにする。


【成否】

成功と失敗。例 成否のかぎをにぎる。

せいりょく　勢力・精力

【勢力】

ほかのものをおさえ、思うとおりに動かすいきおいと力。例 選挙に向けてかれは、じわじわと勢力をのばしている。／海水の温度が下がると、台風の勢力はおとろえる。／勢力範囲。


【精力】

心や体を働かせる元になる力。例 新しく始めた習い事に精力をかたむける。／おじは精力おうせいな人で、毎日仕事に行く前にマラソンを一〇キロメートル走る。／精力家。

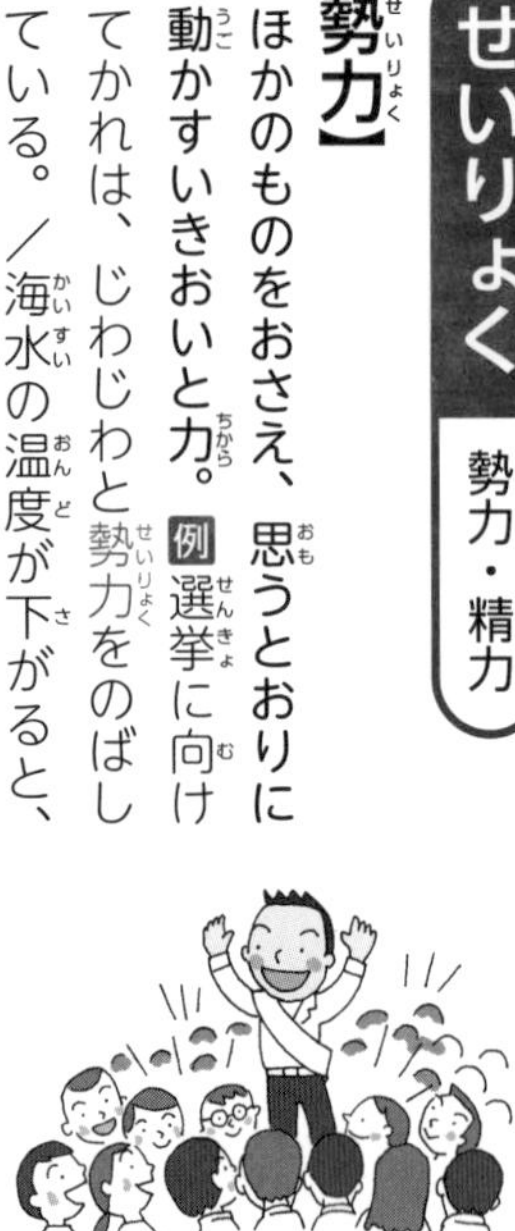

ぜっこう　絶交・絶好

【絶交】

つきあいをやめること。例 はげしいけんかの末に、友だちと絶交してしまった。／何度も約束を破るので、ついに絶交を言いわたした。／かれと絶交してもう一か月になる。／国と国が絶交することを国交断絶という。

参考 「絶交」を訓読みすると「交わりを絶つ」となる。


【絶好】

ものごとをするのに、このうえなくよいこと。例 無死満塁という、逆転の絶好のチャンスがおとずれた。／朝から晴れて、今日は絶好の遠足びよりだ。／この城は、守るのに絶好の場所にある。／天体観測に絶好の気象条件がそろう。

参考 「絶好」の「絶」は、「このうえない」の意味をあらわす。「絶景・絶品・絶大」の「絶」も同じ。


どっちかな?
❶ 日ごろの練習の成果を見てもらうには、（絶交　絶好）の機会だ。
❷ （絶交　絶好）して半年も口をきいてない。

せっせい　節制・摂生

どっちかな？こたえ　❶絶交、❷絶好

【節制】欲求をひかえめにすること。例 あまいものを節制する。

【せっ（摂）生】健康のために生活に気をつけること。例 摂生につとめる。

ぜったい 絶対・絶体

【絶対】❶他に比べるものや、ならぶもののないこと。対 相対。例 あの男の子は歌が世界一うまいと、絶対の自信がある。❷どうしても、かならず。どんなことがあっても。例 今度のうでずもうは絶対に勝つ。／絶対にゆるさない。

参考 「絶体」と書きまちがえやすいので注意。

【絶体】にげようのない、きわまったようす。「絶体絶命」の形で、体も命もつきはてるほどの危機をあらわす。例 絶体絶命のピンチがおとずれる。

参考 「絶体絶命」の「体」を「対」と書きまちがえやすいので注意。

せめる 責める・攻める

【責める】❶（あやまちなどを）非難する。とがめる。例 砂山をうっかりこわしてしまい、みんなから責められた。熟語 自責・叱責・問責

❷苦しみをあたえる。例 罪人をムチで責めて白状させる。

【せめる（攻める）】戦いをしかける。こうげきする。対 守る。例 ドッジボールの試合で、ボールをキャッチするや相手コートめがけて一気に攻めた。熟語 攻撃・攻防・攻略・後攻・先攻

せんこう 先行・先攻

【先行】ほかのものより先に行くこと。また、先に行われること。例 遠足の登山で、わたしたちの班はようやく先行の一団に追いついた。／ゲームソフトの先行予約を受け付けます。

【先こう（攻）】（スポーツの試合などで）先にこうげきすること。対 後攻。例 ゲームを始める前に、じゃんけんで先攻を決めた。

ぜんしん 全身・前身・前進

【全身】

体全体。体じゅう。㊟半身。例赤ちゃんの全身を毛布でくるむ。／川に落ちて全身ずぶぬれになる。／ほっとして、全身から力がぬける。／ばんざいをして、全身で喜びをあらわす。


【前身】
❶その人の前の身分・職業。㊟後身。例レストランの主人の前身は、タレントだ。／この会社の前身は、小さな洋品店だった。
❷今のようになる前のかたち。㊟後身。例ピアノの前身である楽器について調べる。

【前進】

前へすすむこと。㊟後退。後進。例車が前進する。／前進と後退をくり返し、なかなか前へすすまない。／過去をふり返らず、前進する。／新しい資料の発見で、研究が一歩前進する。

ぜんめん 全面・前面

【全面】

全体。すべての面。㊟半面。例校庭の全面を使って遊ぶ。


【前面】

前のほう。表のほう。㊟後面。例前面におしだす。

せんゆう 専有・占有

【専有】

ひとりじめにすること。㊟共有。例インターネットの回線を専有する。


【せん（占）有】

自分のもちものにすること。例他国の軍隊が、島を占有する。／お店のたなが、歩道を占有する。

そうぞう 想像・創造

【想像】

実際にないものや経験していないことを、あれこれと思いうかべること。例弟の喜ぶ顔を想像する。／「宝くじに当たったら…」と想像する。／目の前に、想像を絶する（＝想像をはるかにこえる）美しい風景が広がる。

参考 似た意味のことばに「空想」がある。「空想」は、現実ではあり得ないことを思いうかべる意味合いが強

い。

【創造】今までにないものを、新しくつくり出すこと。例 神が天地を創造した物語を読む。／人まねではなく、自分で考え、創造する力をつける。／伝統を守りつつ、新しい文化を創造する。／日本人は、外国のことばを取り入れて、多くの新しいことばを創造してきた。／あの芸術家は、創造的な意欲にあふれている。

そくせい

速成・促成・即製

【速成】短いあいだに、しあげること。例 オリンピックの選手を速成する。／速成訓練。

【そく（促）成】（植物を）人工的にはやく生長させること。例 花を促成栽培する。／促成野菜。

【そく（即）製】その場で、すぐにつくりあげること。例 ラーメンの即製はんばい。

そくだん

速断・即断

【速断】はやく決めること。よく考えないで決めること。例 速断をさける。／速断は失敗のもと。

【そく（即）断】その場ですぐに決めること。例 即断をせまられる。／即断即決。

そっこう

速効・速攻・即効・即行

【速効】肥料などが、はやくきくこと。対 遅効。例 速効性の肥料をまく。

【速こう（攻）】すばやく攻撃すること。例 右サイドから速攻をかける。／速攻が決まる。

【そっ（即）効】すぐにきくこと。例 即効性のある薬。／即効薬。

【そっ（即）行】すぐにおこなうこと。例 思いついたら即行しよう。

そなえる

供える・備える・具える

【供える】 神や仏などに、物をささげる。例 お墓に花を供える。／多くのぎせい者を出した事故の現場に、人々が花やろうそくを供える。／お月見の夜、お月さまにだんごを供える。熟語 供物・供養

【備える】

❶**前もって用意する。** 例 雨戸をしめて台風に備える。／貯金をして老後に備える。／明日の試合に備えて、早くねる。熟語 備蓄・備品・防備

❷**機械などを取り付ける。** 例 居間にエアコンを備える。／台所に消火器を備える。熟語 完備・設備

➡【備わる】例 全室に高級家具が備わっている。

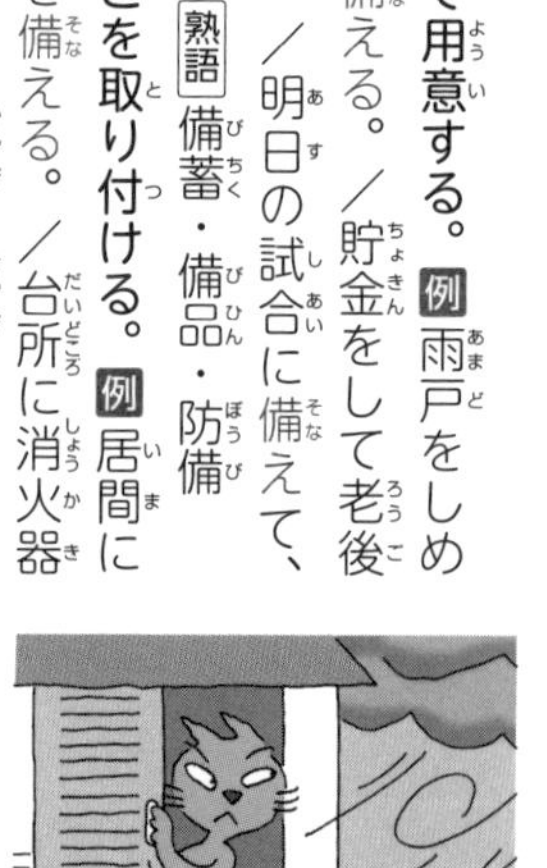

❸**持っている。** 例 そのピアニストは、幼いころから音楽の才能を備えていた。熟語 具備

➡【備わる】例 かれにはいつも前向きな性格が備わっている。

【そなえる（◆具える）】 もともと身に付いたものとして持っている。例 深くもぐれる能力を具えている。熟語 具有

➡【具わる】例 するどい勘が具わっている。

参考 「備える」と書くことが多い。▽常用音訓にはない読み方。

どっちかな? ❶仏だんに、祖母の好きな大福もちを（備える 供える）。❷災害に（備え 供え）、水やかんぱんを買っておく。

たいけい

体形・体型・隊形・大系・体系

【体形】 からだのかたち。例 ウナギとヘビは、体形が似ている。

【体型】 からだのかたちで人を分類するときの基準。例 わたしは、標準体型です。／スポーツ選手のがっしりした体型。

【隊形】 大勢の人のならんだかたち。例 運動会でダンスの隊形にならぶ。／守備隊形をとる。

【大系】

どっちかな? こたえ ❶供える、❷備え

作品など一つの考えのもとでまとめあげた書物。例児童文学大系。


【体系】

別々になっているものを、ある決まりに従って規則正しくひとまとめにした、その全体。システム。例研究者が、理論を体系づける。／けいたい電話の料金体系を調べる。

たいこう
対向・対校・対抗

【対向】

たがいに向き合うこと。例対向車線の車が、ぼくの乗る車の車線にはみ出してきて、あやうく正面しょうとつになるところだった。


【対校】

学校と学校とがたがいに負けまいと競い合うこと。例第一小学校とわたしの学校とで、テニスの対校試合が行われる。


【対こう（抗）】

たがいに負けまいと競い合うこと。例クラス対抗リレーで選手に選ばれた。／となりの店に対抗して、大盛り無料サービスにする。

たいしょう
対象・対照・対称

【対象】

目標・めあてとなるもの。例この本は、小学生を対象にしている。／三十代の女性を対象にアンケート調査をする。／三割引きの対象となる商品には赤札がつけてあります。／男性を対象にした料理教室を開く。


【対照】

二つのものを比べ合わせること。また、比べたときのちがいがはっきりしていること。例新しい時刻表と古い時刻表を対照して、ちがいを調べる。／あの二人は、仲はよいが性格は対照的だ。


【対しょう（称）】

ある図形の左右の部分が、中心の線などで折ると、まったく重なり合う関係にあること。例二等辺三角形は、線対称な図形だ。

たいせい
大勢・体制・体勢・態勢

【大勢】

ものごとや世の中の、おおまかななりゆき。例七回にホームランで大量得点し、これで試合の大勢が決まった。／今回の選挙では、野党が優位との見方が大勢だ。／来年の世界の大勢を予想する。

【体制】 あるまとまった働きをする（社会の）しくみ。例 多くの国は、民主主義の体制をとっている。／来シーズンに向けて、チームの体制を新しくする。／日本の義務教育は、六三制の体制をとっている。

【体勢】 からだのかまえ。しせい。例 後ろからおされて体勢をくずす。／体操の選手が、回転から着地の体勢に入る。／レスリングで、相手の足を取り、有利な体勢にもちこむ。／転んだが、すばやく立ち上がって体勢を立て直す。

【態勢】 身がまえ。準備。例 消防隊員は、いつでも出動できる態勢にある。／避難された方々を受け入れる態勢が整う。／敵のこうげきに対応する態勢は、すでにできている。／ビル警備の態勢を強化する。

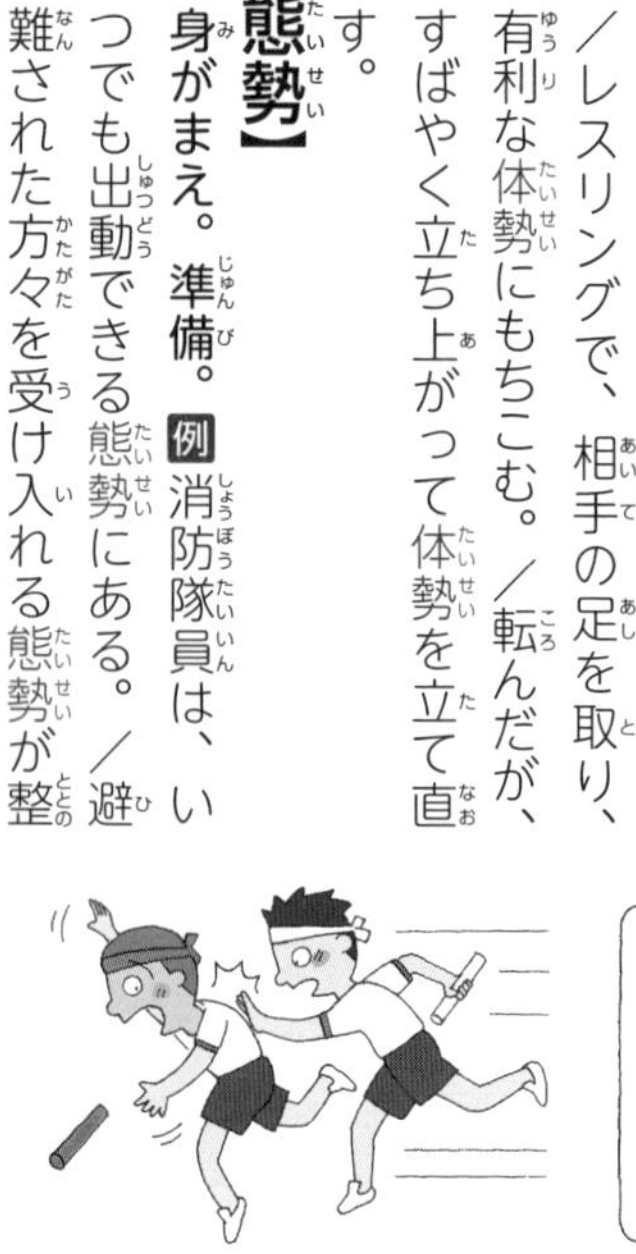

たいせん　大戦・対戦

【大戦】 大きな戦争。例 第二次世界大戦。

【対戦】 たがいを相手としてたたかうこと。例 紅組と白組が対戦する。／対戦成績は三勝二敗だ。

たいひ　待避・退避

【待ひ（避）】 ❶ほかのものが通りすぎるのをよけてまつこと。例 駅で待避する電車。❷一時的にほかの場所によけて避難すること。例 屋内待避の命令が出た。参考 新聞では「退避」も使う。

【退ひ（避）】 危険な場所から安全な場所に行くこと。例 その国では暴動が起きたので、日本人は国外へ退避するよう、外務省から勧告が出ている。

たいめん　体面・対面

【体面】世間に対するていさい。みえ。めんぼく。例人前で悪口を言われて、体面をきずつけられる。／体面にこだわらずに、自分の好きなように生きる。／泣き出したいのをがまんして、何とか体面を保った。／祖父は昔かたぎの人なので、体面をとても重んじる。

【対面】直接、顔を合わせること。例小学校の友人と、二十年ぶりに対面する。／両国の首相が対面して、話し合う。／遠くにいる友人と、対面で話すことができた。

たえる　絶える・耐える・堪える

【絶える】（続いていたものが）とぎれる。例宇宙船からの連絡が絶えてしまった。／わが家の自慢は笑い声が絶えないことです。／息が絶える（＝死ぬ）。熟語 絶望・絶命・絶滅・途絶

【たえる（耐える）】❶（つらさ・苦しさなどを）がまんする。例もうすぐゴールだ、と痛みに耐えて歩きつづけた。／重さに耐える。熟語 忍耐
❷外からの力に持ちこたえる。例雨風に耐える。熟語 耐寒・耐久・耐震・耐熱
参考「堪える」と書くこともある。

【たえる（堪える）】❶それだけの価値がある。例鑑賞に堪える絵を久しぶりに見た。
❷負担やつとめをするだけの力がある。こらえる。例サッカーゴールは屋外での使用に堪えるようにつくられている。熟語 堪忍
参考「堪える」は、能力や性能としてあらわすときに用いることが多い。

たずねる　訪ねる・尋ねる・訊ねる

【訪ねる】会うために、その人の家に行く。例先生の家を訪ねる。／母校を訪ねる。／三内丸山遺跡を訪ねる。／坂本龍馬の故郷を訪ねた。熟語 訪問・来訪

【たずねる（尋ねる）】わからないことをききただす。また、さがしもとめる。例道を尋ねる。／名前と住所を尋ねる。／久しぶりに電話をして、ご家族が元気か尋ねた。

【たずねる（訊ねる）】

強くといただす。例 警察に昨日の六時ごろ何をしていたのかを訊ねられた。／裁判で、被告人に訊ねる。熟語 訊問

参考 ふつうは「尋ねる」「尋問」と書く。▽常用漢字外の字。

たたかう　戦う・闘う

【戦う】

戦争する。試合をする。例 第二次世界大戦で外国と戦う。／オリンピックで正々堂々戦う。熟語 戦後・戦争・冷戦

【たたかう（闘う）】

困難を取りのぞこうと努める。例 病気と闘う。／貧困と闘う。熟語 闘志・闘争

たつ　絶つ・断つ・裁つ

【絶つ】
❶つながりを打ち切る。例 悪い仲間とのつきあいを絶つ。／探検隊が連絡を絶ってから、もう三日にもなる。熟語 絶交・断絶
❷終わらせる。例 自分の命を絶ってはならない。／交通事故が後を絶たない（＝次々と起こってなくならない）。熟語 絶望・絶命

【たつ（断つ）】
❶切る。切りはなす。例 ぴんとはったロープをナイフで断つ。熟語 断裁・断絶・断髪・切断
❷つづいていたことをやめる。例 父は健康のためにたばこを断った。熟語 断交・断食・断続
❸さえぎる。例 土砂くずれで、となりの町との交通が断たれた。熟語 断水・断線

参考 「断つ」は、つながりが切れる意味合いが強く、道路や水道など、切れてももとにもどるものや、ロープなど物について使う。「絶つ」は、それまでの状態をまったくなくしてしまう意味合いが強い。このため、一時的な場合は「しばらく連絡を断つ」、永続的な場合は「一生かれとの連絡を絶つ」のように書き分けることがある。

【たつ（裁つ）】

寸法に合わせて、布や紙などを切る。例 洋服の型紙に合わせて布地を裁つ。／洋品店で、生地を必要な長さに裁ってもらう。／じょうぶな布を一センチメートルのはばで裁ち、ひもを作る。熟語 裁断

たつ

立つ・建つ・起つ・発つ・経つ

【立つ】

❶すわったり横になったりしていたものが、起き上がる。例お年寄りに席をゆずるために立つ。／駅前に立って、会場への道順を案内する。熟語立場・起立

❷まっすぐ縦になって、そこにある。例ビルの屋上にアンテナが立つ。／道路のわきに立っている大きな看板。熟語立像・直立

⬇【立てる】例庭にこいのぼりを立てる。

参考「立つ」には、このほか「(けむりなどが)上に上がる」「(うわさなどが)広まる」などの意味もある。

【建つ】

建物がつくられる。例駅前に高層マンションが建つ。／おかの上に教会が建っている。／工場のあと地には、大きなショッピングセンターが建つ予定になっている。／となりに、しゃれた家が建った。熟語建設・建築

⬇【建てる】例駅前に高層ビルを建てる。

参考「家などがたちならぶ」のように、建てられたあとの町並みには、「建ち並ぶ」ではなく「立ち並ぶ」と書く。

【たつ(◆起つ)】

❶(「起ち上がる」の形で)機械が動き出す。例コンピューターが起ち上がった。熟語起動

❷勢いよくおきあがる。ある目的をはたそうとたちあがる。例席を起つ。／圧政にたえかねて、民衆が起ち上がった。熟語起立・一念発起・決起

参考「起つ」はものごとの開始や勢いなどに注目した書き方だが、ふつうは「立つ」と書く。▽常用音訓にはない読み方。

【たつ(◆発つ)】

出発する。出かける。例朝早く飛行機で外国に発つ。／団体客が旅館を発つ。熟語発車・発着

参考「立つ」とも書く。▽常用音訓にはない読み方。

【たつ(◆経つ)】

時が移る。例時間が経つと大事なことを忘れる。／上京して二十年の年月が経った。熟語経過・経歴

参考常用音訓にはない読み方。

どっちかな? ❶この広場には、家が(立つ 建つ)予定だ。
❷熱があって、(立っている 建っている)のもやっとだ。

たてる

立てる・建てる・点てる・閉てる

【立てる】

❶横のものを、縦にする。ものをすえる。つきさす。例明日が運動会なので正門に看板を立てる。／柱を立てる。

どっちかな?こたえ ❶建つ、❷立っている

／ネコがつめを立ててひっかいた。／腹を立てる。／北風が強いので、コートのえりを立てる。熟語 設立・創立・立腹

❷音や声などを出す。例 階段を下りるときには足音を立てないように気をつけよう。／根も葉もないうわさを立てる。

❸（めいよなどを）きずつけないように気をつかう。例 先生のすいりはまちがっていたけれど、先生の顔を立ててだまっていた。

❹つくる。作成する。例 計画を立てる。熟語 立案・立法

❺なしとげる。例 なにもないところから、身を立てて大会社の社長になった。熟語 立身

【建てる】

建物をつくる。国・都市をつくる。例 家を建てる。熟語 建国・建設・建造・建築

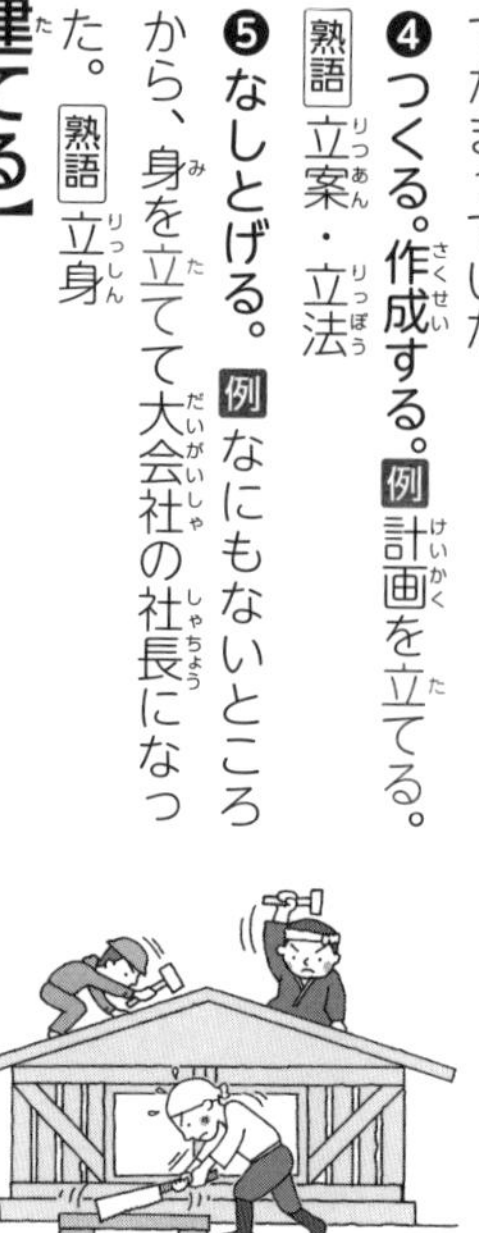

【たてる（◆点てる）】

茶の湯を行う。例 梅祭りで、着物姿の女性が茶を点ててくれた。熟語（お）点前

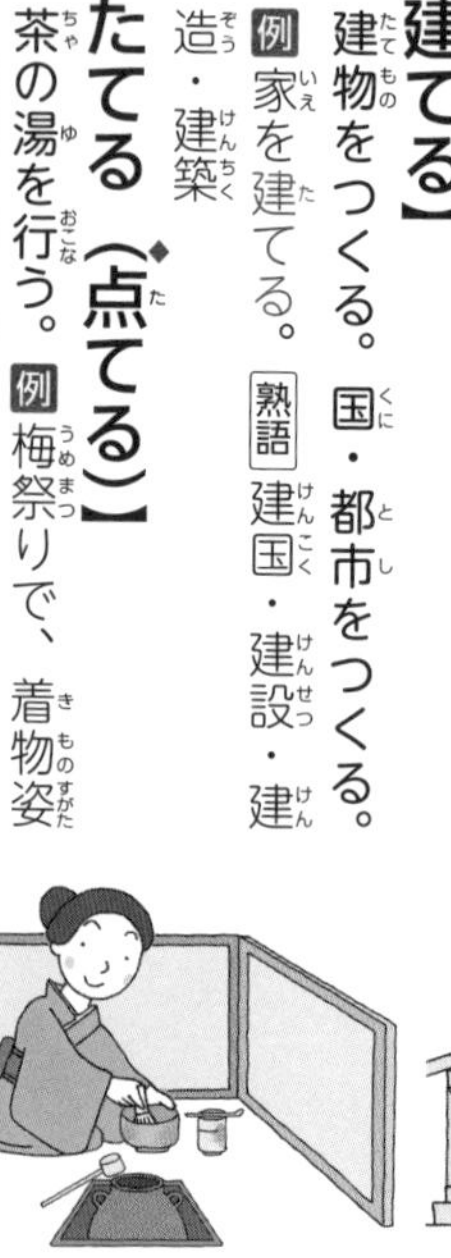

参考 常用音訓にはない読み方。

【たてる（◆閉てる）】

（戸や障子を）しめる。例 外のあかりがまぶしいので、障子を閉てる。

熟語 閉鎖

参考 ふつう「立てる」と書く。▽常用音訓にはない読み方。

たま

玉・球・珠・弾

【玉】

❶丸い形をしたもの。例 毛糸の玉を買い、編み物をする。／眼鏡の玉（＝レンズ）が割れる。／額から玉のあせが流れる。熟語 水玉・目玉

❷美しい宝石や真珠。また、美しいもの、大切なもののたとえ。例 玉のような男の子が生まれた。熟語 玉石・玉砂利

【球】

ボール。また、ボールのような丸い形をしたもの。例 あのピッチャーは速い球を投げる。／けられた球をヘディングでゴールに入れる。／サーブで打った球がネットにかかる。／電気の球が切れる。熟語 球技・球場・電球

【たま（珠）】
丸い真珠や、美しい宝石。また、丸いつぶ。例 そろばんの珠（玉）。熟語 珠玉・珠算
参考 今は「玉」を使う。▽常用音訓にはない読み方。

【たま（弾）】

鉄砲や大砲のたま。弾丸。例 鉄砲に弾をこめる。／りょうじゅうの弾が、えものに命中する。／弾が飛びかう戦場で命がけで取材する。熟語 弾丸・弾薬・着弾

たまご　卵・玉子

【卵】

鳥や魚などがうみおとす、丸いもの。中から子がかえる。例 卵からおたまじゃくしがたくさんかえった。／熟語 卵生・卵白・鶏卵

【玉子】

ニワトリの卵。特に料理に使うもの。例 玉子焼き。

参考 「卵」と書いてもよい。

ためる　貯める・溜める

【ためる（貯める）】
必要なもの、特にお金をたくわえる。例 おこづかいを貯める。熟語 貯金・貯水池・貯蔵・貯蓄
➡【貯まる】例 貯金箱にお金が貯まる。
参考 常用音訓にはない読み方。

【ためる（溜める）】
❶水などを、いっぱいたくわえる。例 バケツに雨水を溜める。／一番になれないくやしさで、目になみだを溜める。／古い切手を溜める。
参考 「貯める」とも書く。
❷仕事やお金のしはらいなどをとどこおらせる。例 いそがしくて、つい宿題を溜めてしまった。
➡【溜まる】例 遊びすぎて溜まった夏休みの宿題をかたづける。
参考 常用漢字外の字。

ついきゅう　追求・追究・追及

【追求】

利益や理想などめあてのものを、どこまでも追いかけて、手に入れようとすること。追いもとめること。例 利益をとことんまで追求する。／世界の人々の幸福を追求する。／国々が一つになって、平和を追求する。

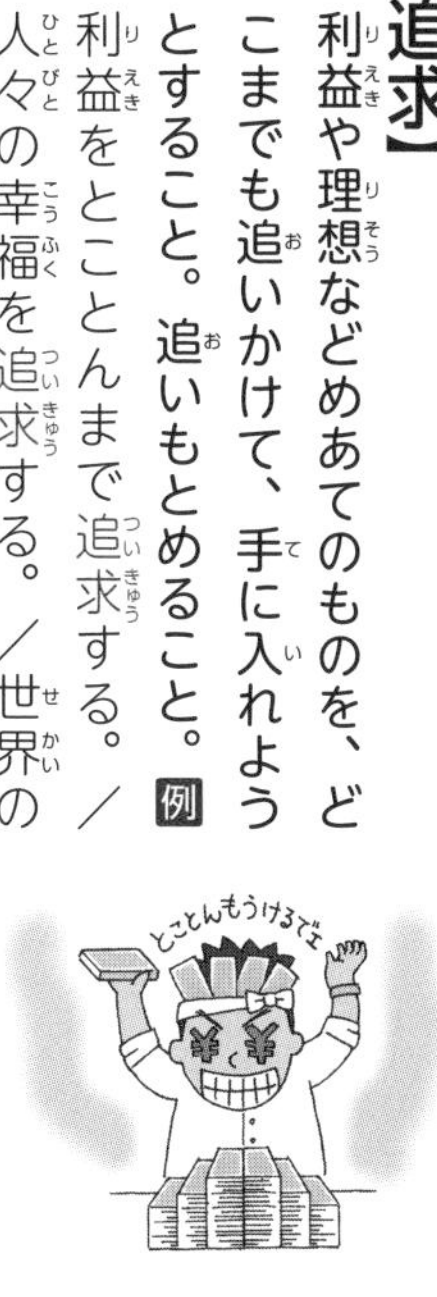

【追究】 学問などで、わからないことを、どこまでもさぐって明らかにしようとすること。例 星を観測して、宇宙のなぞを追究する。／科学は、自然の真理を追究する学問だ。／列車事故の原因を追究する。

【追きゅう（及）】 どこまでも調べて、追いつめること。例 国会で、国会議員が政府の責任を追及する。／警察が犯人を追及する。／もれた情報の出どころを追及する。／友だちに、昨日の練習をさぼった理由を追及された。

どっちかな？ ❶治療法を（追究　追及）して、多くの人を救う。❷あいまいな返事に対して、きびしく（追究　追及）する。

つかう　使う・遣う

【使う】 役立てる。働かせる。例 ナイフを使う。／あの工場では、たくさんの従業員を使っている。熟語 使者・使用

【つかう（遣う）】 お金・時間・心や気持ち・知恵を工夫してつかう。例 こづかいを遣う。／時間を遣って探す。／お客さんに気を遣う。

参考 両者は、もともと意味によってつかい分けていた。しかし、最近では、動詞のときには「使」を用いるのが一般的で、「気遣う」のほかにはあまりつかわれていない。また、決まった言い方の名詞のときには「遣」をつかい、「心遣い・仮名遣い・金遣い・筆遣い」のようにするのが一般的。

つく　付く・着く・点く・就く・即く・突く・衝く・搗く・撞く・憑く

【付く】

❶くっつく。例 ズボンにどろが付く。／かばんにきずが付く。／味方に付く。熟語 付帯・付着

⬇【付ける】 例 かばんにきずを付ける。

❷加わる。そなわる。例 勉強すると学力が付く。／知識が身に付く。／おかしにおまけが付く。

⬇【付ける】 例 一生懸命勉強して、学力を付ける。熟語 付属・付録

❸はっきりする。例 決心が付く。

どっちかな？こたえ　❶追究、❷追及

↓【付ける】 例 白黒付ける（＝結果をはっきりさせる）。

【着く】
めあての所に行きつく。めあての所に届く。例 電車が駅に着く。／ようやく山の頂上に着いた。／友だちからの手紙がまだ着かない。／早く来た人から順に席に着く。熟語 着順・着席・到着
↓【着ける】 例 ボートを岸に着ける。

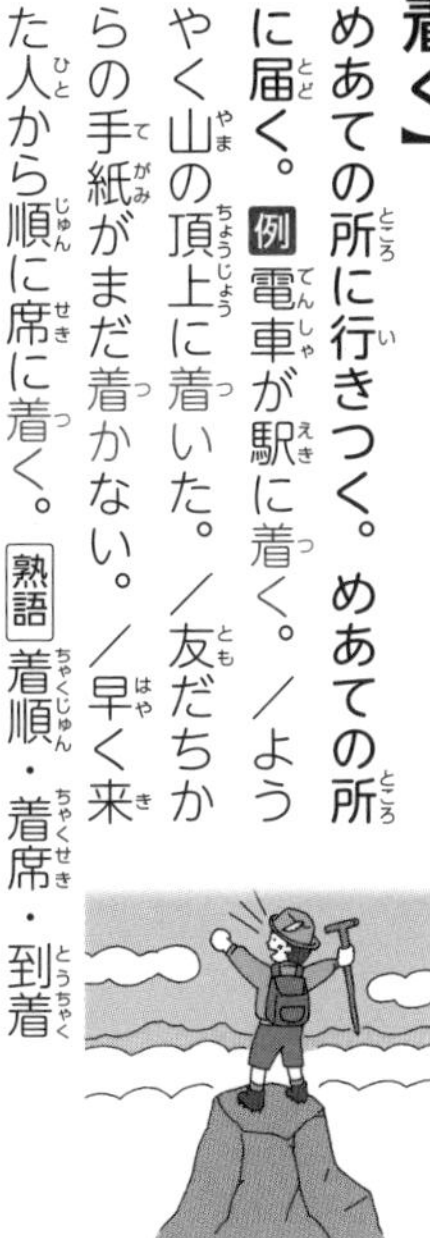

【つく（点く）】
明かりがともる。対 消える。例 停電が解除されて、電灯が点く。熟語 点灯
↓【点ける】 例 明かりを点ける。

【つく（就く）】
❶ある地位や身分になって、その仕事をする。例 父親のあとをついで社長の地位に就く。／任務に就く。／大学を卒業して職に就く。熟語 就職・就任
↓【就ける】 例 簡単な任務に就ける。
❷めあてのものごとに取りかかる。始める。例 つかれていたので、夜の八時にはねむりに就いた。熟語 就寝

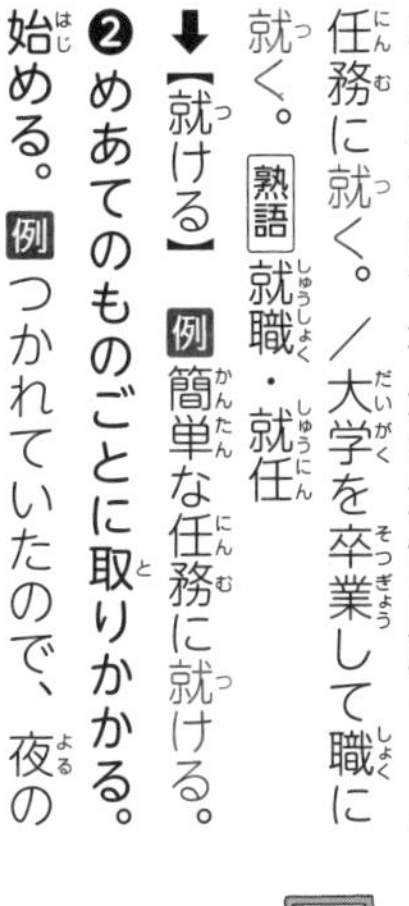

【つく（即く）】
天皇や皇帝、王が位に身をおく。例 王子が国王の位に即く。熟語 即位
↓【即ける】 例 兄ではなく弟を皇位に即ける。
参考 常用音訓にはない読み方。

【つく（突く）】
棒状の物で、手前から向こうへ強い力を加える。強く刺激する。例 やりで突く。／針で突く。熟語 突出

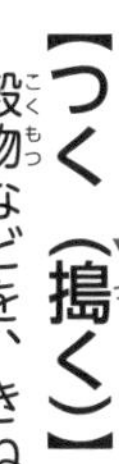

【つく（衝く）】
はげしい勢いでまっすぐ進む。例 怒髪天を衝く（＝かみの毛が逆立って天をつくほどにはげしくいかる）。鼻を衝く、強烈なにおい。／敵の不意を衝いて、勝利をもたらす。
熟語 衝突。参考 ふつう「突く」と書く。
▽常用音訓にはない読み方。

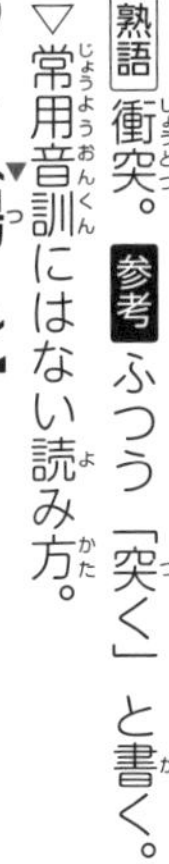

【つく（搗く）】
穀物などを、きねでたたいておしつぶす。例 正月にもちを搗く。
参考 常用漢字外の字。

【つく（撞く）】
鐘や球を勢いよく打つ。例 除夜の鐘を撞く。／玉つき棒

で玉を撞く。熟語 撞球（ビリヤード）

参考 ふつう「突く」と書く。
▽常用漢字外の字。

【つく（▼憑く）】

身に乗り移って、はなれない。取りつく。例 キツネの霊が憑く。

➡【憑ける】例 術者が霊を憑ける。

参考 代わりに「付く」を使ってもよい。▽常用漢字外の字。

つぐ　次ぐ・接ぐ・注ぐ・継ぐ

【つぐ（◆次ぐ）】

第一のものの下に位する。二番目の。例 東京に次ぐ大都会。／東京スカイツリーに次ぐ高さだ。熟語 次点・次男

参考「（二番目のもの）に次ぐ（二番目のもの）」の形で使う。


【つぐ（◆接ぐ）】

つなぎ合わせる。例 つりざおに竹を接ぐ。／五重の塔の柱を接ぐ。／骨を接ぐ。／接ぎ木をして品種を改良する。

熟語 接骨・接続

【つぐ（◆注ぐ）】

容器に液状のものをそそぎ入れる。例 グラスに麦茶を注ぐ。／コップになみなみと水を注ぐ。熟語 注水・注入

参考 常用音訓にはない読み方。

【つぐ（▼継ぐ）】

前のものを受けて続ける。例 長子が家を継ぐ。／店を継ぐ決心をする。熟語 継承・継続

つくる　作る・造る・創る

【作る】

物を新しくこしらえる。今までになかったものを新しくもうける。例 色紙を折って人形を作る。／野菜と卵でサラダを作る。／風景をながめながら詩を作る。／畑で野菜を作る。／新しい規則を作る。／働いて財産を作る。

熟語 作品・作物

参考「作る」は、ものだけではなく、「笑顔を作る」のように、そのようなようすをする意味でも使う。

【造る】
❶建物など、大きなものをこしらえる。例 二階建ての家を造る。／石油を運ぶための船を造る。／町の中央に公園を造る。／山をけずって宅地を造る。熟語 造園・造船・建造
❷酒・みそ・しょうゆなどをこしらえる。例 米から日本酒を造る。熟語 酒造・醸造

参考 「造る」は、「作る」に比べて規模の大きいものをこしらえる場合に使うのがふつう。

【創る】
新しいものをつくる。 例 子どもたちの未来を創る。／新しい技術をもとに、会社を創る。熟語 創意・創設・創造・創立

参考 これまでにないものや、初めてつくることに重点が置かれる。しかし、多く「作る」で代用される。

どっちかな？ ❶ねんどでお城を（作る　造る）。
❷長い橋を（作る　造る）。
❸大豆からみそやしょうゆを（作る　造る）。

つける
付ける・着ける・点ける・就ける・即ける・浸ける・漬ける

【付ける】
❶**くっつける。あとを残す。書きこむ。** 例 服にボタンを付ける。／くつにどろを付けたまま、家に帰った。／プールサイドに、ぬれた足あとを付ける。／お人形に名前を付ける。／毎日、日記を付ける。熟語 付着・接着
❷**つけ加える。** 例 料理に味を付ける。熟語 付加・添付
❸**あとを追っていく。** 例 アリのあとを付けたら、巣が見つかった。熟語 付随
❹**気持ちをある方向に向ける。** 例 国語の発表のときには、ことばに気を付ける。／いいケーキ屋が近くにできたと目を付ける。

【着ける】
❶**（衣服を）体にまとう。着る。** 例 ピアノの発表会で白いドレスを身に着ける。／ブローチを着ける。熟語 着衣・着用
❷**車や船をある場所に止めておりられるようにする。** 例 船を岸に着ける。熟語 着岸・着地
❸**仕事などに取りかかる。** 例 生徒会長になったので、まず生徒会の改革という新しい仕事に手を着ける。熟語 着手・着工

【つける（◆点ける）】
火や明かりをつける。 例 部屋が暗いので、明かりを点ける。／ガスに火を点ける。熟語 点火・点灯
参考 常用音訓にはない読み方。

【つける（就ける）】
ある地位に身を置かせる。 例 友だちを応援して学級委員の地位に就ける。熟語 就任

【つける（▼即ける）】
天皇や王の位に身をおかせる。 例 長男を王位に即ける。熟語 即位
参考 常用音訓にはない読み方。

どっちかな？こたえ ❶作る、❷造る、❸造る

【つける（浸▼ける）】
液体に入れて、しみこませる。ひたす。例布を水に浸ける。
熟語 浸水・浸透
➡【浸かる】例ゆかの上まで水に浸かる。／湯ぶねにかたまで浸かる。
参考 常用音訓にはない読み方。

【つける（漬▼ける）】
野菜などを、塩・ぬかなどの中に入れて、つけものにする。
例塩をたっぷりまぶして白菜を漬ける。熟語 漬物
➡【漬かる】例このおしんこは、よく漬かっている。
参考「つく」の項目も参照。

つつしむ
慎む・謹む

【つつしむ（慎▼む）】

ひかえる。例「人の悪口になるようなことばは慎みなさい」と先生に注意された。／祖母は健康のため、食べすぎを慎むよう心がけている。熟語 慎重

【つつしむ（謹▼む）】

（「つつしんで」の形で）ていねいに…する。うやうやしくする。例謹んでおくやみ申し上げます。熟語 謹賀（新年）・謹製・謹呈

つとめる
努める・務める・勤める・勉める

【努める】

一生懸命に行う。力をつくす。例だれとでも仲良くするように努める。／健康のために、一日一時間以上歩くように努める。／どんなにつらくても、人前では泣かないように努める。熟語 努力

【務める】

役目をうけもつ。例学級会で司会を務める。／祖父は町内会の会長を務めている。／姉は、今度の展示会で、会場の案内役を務める。／劇では、田中君が主役を務め、ぼくは照明係を務める。熟語 外務・急務・職務・責務

【勤める】

役所や会社などに行って働く。例わたしの父は銀行に勤めている。／料理の好きな兄は、将来レストランに勤めたいそうだ。／母は、医師として病院に勤めている。熟語 勤勉・勤務・勤労・出勤

【つとめる（勉◆める）】

困難なことをなしとげようとして、力をつくす。熟語勉学・勉強
参考「努める」で代用する。▽常用音訓にはない読み方。

てきかく　的確・適格

【的確】

くるいがなくたしかなこと。たしかでまちがいのないこと。例どちらの方法をとるべきか的確に判断する。／かんとくが選手に、練習の内容を的確に指示する。／今の気持ちを的確にあらわすことばが見つからない。／記者が現場の状況を的確につかみ、ニュースで伝える。


【適格】

ある資格に当てはまること。例山田君は人の意見をよく聞くので、クラス委員に適格だと思う。／自分がパイロットとして適格かどうか、本で調べてみる。／うちで預かっていた子犬が、盲導犬として適格と認められた。

てんか　転化・転嫁

【転化】

ほかの状態に変わること。例農地を宅地に転化する。


【転か（嫁）】

罪や責任を人のせいにすること。例責任を人に転嫁する。

でんき　電気・電器・電機

【電気】
❶電流を流したもの。例ぬれた手で電気の流れているところをさわると危ない。／電気代。
❷電灯。例電気を点ける。

【電器】

「電気器具」のこと。アイロン・テレビ・洗濯機など電気を使った器具。例町の電器店で、テレビを買う。


【電機】

「電力を使って動かす機械」のこと。大きな機械に使われることが多い。例おじは、電機工業メーカーに勤めている。

てんてん　点点・転転

【点点】

点を打ったように、あちこちに散らばってあるようす。また、ぽたぽたとしたたるようす。例点々と家の明かりが見えた。／雪の上に点々と足あとがある。

参考 ふつう「点々」と書く。

【転転】 次々移り変わっていくようす。例 父の転勤によって、町を転々とした。

参考 ふつう「転々」と書く。

とうとい 尊い・貴い

【尊い】 大切なものとして敬うべきである。尊敬できる。例 寺のお堂には、尊い仏像がまつられている。／お寺でおぼうさんの尊い話を聞く。／恩師の尊い教えを守る。／尊いぎせいをはらって、ダム工事が完成する。熟語 尊顔・尊敬・尊重

参考「尊い」は「尊い」ともいう。

【とうとい（◆貴い）】

❶価値が高い。例 蔵には、貴い宝物がしまわれている。／健康は、お金や財産よりも貴い。／老人ホームの人たちと交流して、貴い経験をする。熟語 貴重

❷位や身分が高い。例 宮殿は、昔、身分の貴い人が住んだ建物だ。熟語 貴人・貴族・貴婦人・高貴

参考「貴い」は「貴い」ともいう。

とく 解く・説く・溶く・梳く

【解く】

❶結んだり編んだりしてあるものを、ほどく。ばらばらにする。例 箱のリボンを解く。／古いセーターを解いて編み直す。／よごれた包帯を解いて交換する。熟語 解凍・和解

⬇【解ける】例 ロープが解ける。

❷問題の答えを出す。例 算数の問題を解く。／いん石を研究して、宇宙のなぞを解く。／暗号を解く。熟語 解決・解答・解明

⬇【解ける】例 問題が解けた。

❸自由にする。なくす。例 さわぎがおさまったので、警察が警戒を解く。／よく説明して、友だちの誤解を解く。熟語 解禁・解散・解任・解放

⬇【解ける】例 誤解が解けた。

【説く】 よくわかるように言って聞かせる。説明する。例 筆者は、この文章で、自然を守ることの大切さを説いている。／医者が、健康のためにはバランスのとれた食事が大切だと説く。熟語 説教・説得・説

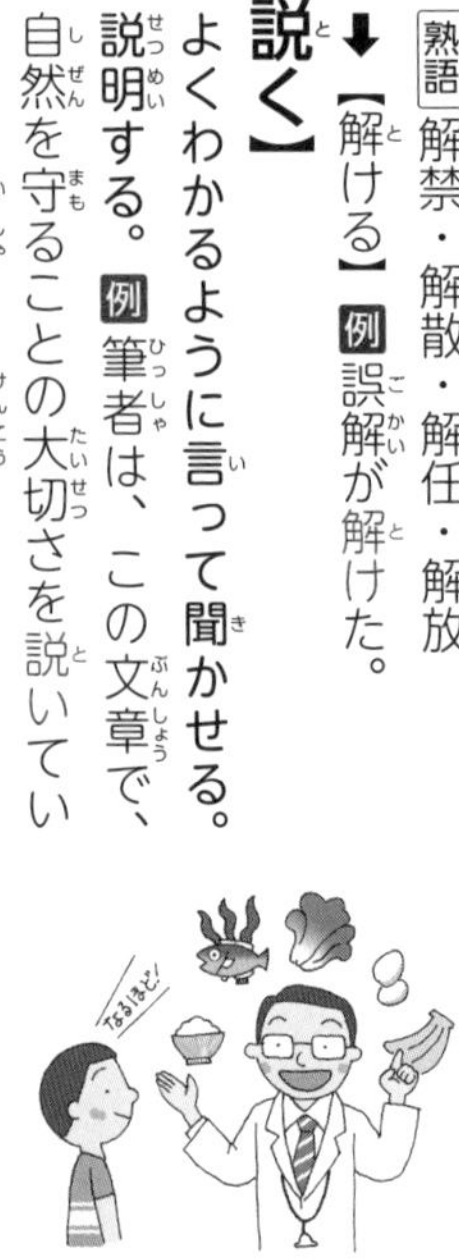

明

参考「説きふせる」は「説明して自分に従わせる」、「説き明かす」は「ものごとの内容や意味がわかるように話す」という意味。

【とく（溶く）】

❶かたまりや粉状のものを液体に入れて、液状にする。とかす。**例**絵の具を水に溶く。／小麦粉を水で溶く。**熟語**溶解

➡【溶かす】**例**さとうを水に溶かす。

❷かきまぜて均一にする。**例**生卵を溶く。

【とく（梳く）】

乱れたかみの毛をくしで整える。とかす。**例**自慢の黒かみをくしで梳く。

➡【梳かす】**例**乱れたかみを梳かす。

参考「解く」とも書く。▽常用漢字外の字。

とくちょう　特長・特徴

【特長】

ほかのものと比べて、特にすぐれていること。**例**クラスのみんなの特長をいかして、すばらしい舞台をつくりあげたい。／この商品は、軽くてポケットに入るのが特長だ。

参考よい意味だけに使う。

【特ちょう（徴）】

ほかのものとくらべて、特に目立つところ。**例**話し方に特徴がある。／かの女の声は、すこしかすれていて特徴的なので、すぐにわかる。

とける　解ける・溶ける

【解ける】

❶結んだり編んだりしてあるものが、ほどける。ばらばらになる。**例**なわが解ける。**熟語**解凍・和解

❷問題の答えがわかる。**例**一時間考えて、やっとその問題が解けた。／ウナギの生態のなぞが解ける。／暗号が解けた。**熟語**解決・解釈・解答・解明

❸自由になる。なくなる。**例**疑いが解けて、仲直りした。／自分の発表が終わって、緊張が解けた。**熟語**解禁・解散・解任・解放

【とける（溶ける）】

熱や薬品によって、固体が液体になる。**例**温暖化で、北極の氷が溶ける。／高温で熱した鉄が溶ける。**熟語**溶液・溶解・溶岩・溶鉱炉・溶接

⬇【溶かす】例 塩を水に溶かす。

参考 熱や薬品によってとける場合と、水などの液体にまぜてとかしこむ場合は「溶ける」。そのほかは、ふつう「解ける」と書く。▽「とく」の項目も参照。

ととのえる

整える・調える

【整える】

乱れているものをきちんとする。例 玄関にぬぎすててあったくつを整える。／お客さんが来る前に部屋を整える。／風で乱れたかみの毛を整える。／試験の前の晩は早くねて、体調を整えておくようにする。／走ったあと、しばらく静かにして呼吸を整える。／前にならえをして、列を整える。／熟語 整理

⬇【整う】例 呼吸が整う。

【ととのえる（調える）】

❶必要なものをそろえる。したくをする。例 新しい家で使う家具を調える。／スーパーに行って、料理の材料を調える。／旅行の費用を調える。／すぐに実験にとりかかれるよう、準備を調える。熟語 調達・調度

⬇【調う】例 味が調う。

❷まとめる。成立させる。例 土地の売買の契約を調える。

熟語 調印・調停・調理・調和

⬇【調う】例 縁談が調う。

とぶ

飛ぶ・跳ぶ・翔ぶ

【飛ぶ】

空中をすみやかに移動する。例 鳥が飛ぶ。／つばが飛ぶ。／野次が飛ぶ。熟語 飛行

【とぶ（跳ぶ）】

足ではね上がる。例 ウサギが跳ぶ。／なわとびを跳ぶ。

熟語 跳躍

【とぶ（翔ぶ）】

大空をかけめぐる。熟語 飛翔

参考「飛ぶ」よりも、自由自在にという意味が強い。▽常用漢字外の字。

とまる

止まる・留まる・停まる・泊まる

【止まる】

動いていたものが動かなくなる。続いていたものがやむ。例 車が横断歩道の手前で止まる。／電池が切れて時計が止まる。／びっくりして息が止まりそうになる。／薬のおかげで

痛みが止まる。／配管の工事で水道が止まる。熟語 止血・静止

↓【止める】例 布を巻いて、急いで血を止める。

【留まる】

❶ある所からはなれなくなる。例 食べすぎて上着のボタンが留まらない。／ポスターがうまくかべに留まる。／庭の赤い花が目に留まる。熟語 留学・留置・留年・留守

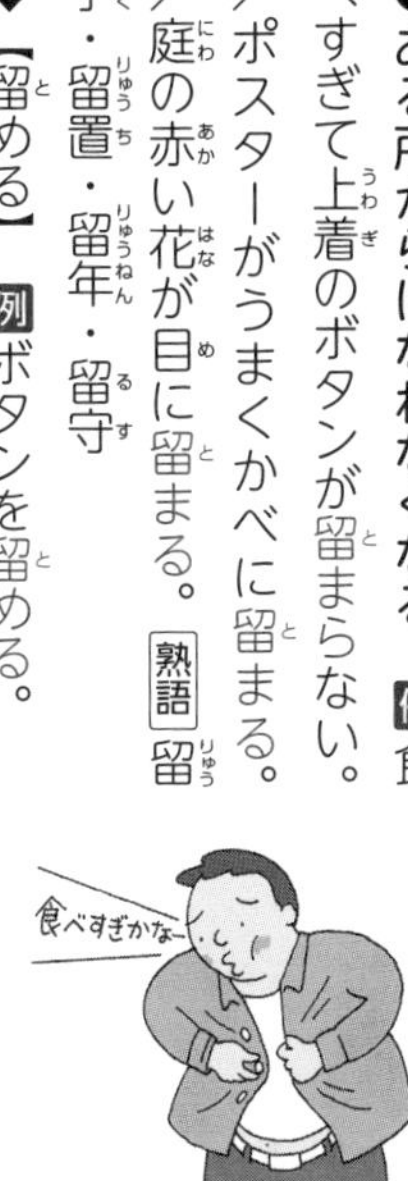

↓【留める】例 ボタンを留める。

❷心に残る。例 友だちのひとことが心に留まる。／うわさ話が耳に留まる。熟語 留意

↓【留める】例 気に留めておこう。

【とまる（◆停まる）】

動いていたものが、一時的に動くのをやめる。例 バス停でバスが停まる。

熟語 停車・停留

↓【停める】例 タクシーを停める。

参考 乗り物に多く使うが、ふつうは「止まる」を使う。長くとまる場合は、「駐まる」と書くこともある。▽「停まる」は、常用音訓にはない読み方。

【とまる（▼泊まる）】

❶自分の家でないところで夜を過ごす。例 修学旅行で旅館に泊まる。／登山をして山小屋に泊まる。／明日、父の友人がうちに泊まる。熟語 宿泊

↓【泊める】例 友だちを家に泊める。

❷船がいかりをおろして休む。例 外国の船が、日本の港に泊まる。熟語 停泊

↓【泊める】例 入港許可をあたえず、港の外に泊めておく。

とらえる 捕らえる・捉える

【とらえる（▼捕らえる）】

追いかけてしっかりとつかむ。つかんで放さない。例 カブトムシを捕らえる。／警察官が犯人を捕らえる。／階段から転びそうな友だちのうでをしっかりと捕らえる。

熟語 捕獲・捕虜・逮捕

【とらえる（▼捉える）】

心や目などにしっかりとおさめる。自分のものにする。例 転入生と機会を捉えて話をする。／あの人の笑顔が、心を捉える。／天体望遠鏡で星を捉える。熟語 補捉

とる

取る・採る・捕る・執る・撮る

【取る】

❶つかむ。にぎる。例 電話の受話器を取る。／絵本を手に取る。熟語 取材・取捨

❷自分のものにする。例 新幹線の指定席を取る。／自動車の運転免許を取る。／テストで百点を取る。熟語 取得・先取・連取

❸除く。例 校庭の草を取る。

【採る】

❶さがして集める。例 こん虫を採って標本にする。／山で薬草を採る。熟語 採集・採録

❷役に立つもの、価値のあるものとして選んで用いる。例 面接試験をして新入社員を採る。／二つの提案のうち、賛成の多いほうを採る。熟語 採決・採用

【とる（捕る）】

（動物などを）とらえる。つかまえる。例 川で魚を捕る。／わなをしかけて、人里に現れたイノシシを捕る。／ネコがネズミを捕る。／外野手が、飛んできたフライを捕る。熟語 捕獲・捕鯨・捕手

参考 追いかけていってつかまえる、という意味合いがある。

【とる（執る）】

手にもって行う。例 指揮を執る。／大学を卒業し、故郷の小学校で教べんを執る。熟語 執政・執筆

参考 ものごとをしっかりつかんで、処理する意味合いがある。

【とる（撮る）】

写真を写す。例 写真を撮る。／映画を撮る。熟語 撮影・特撮

どっちかな？
❶前半に先取点を（取る　採る）。
❷リーダーが現場で指揮を（取る　執る　捕る）。
❸祖母と、山にワラビを（取り　採り）に行った。

なおす

直す・治す

【直す】

❶こわれたり悪くなったりしたものを、もとのよい状態にする。正しく

どっちかな？こたえ ❶取る、❷執る、❸採り

する。例こわれた時計を直す。／鏡を見て、服装を直す。／弟がおもちゃをもらってきげんを直す。／先生に注意されてことばづかいを直す。

➡【直る】例こわれたテレビが直る。／きげんが直る。

❷基準のちがうものにかえる。例通訳が英語を日本語に直す。／マイルをキロメートルに直す。

【治す】

けがや病気をよくする。例薬をぬって、足のけがを治す。／かぜを治すには、あたたかくしてねるのが一番だ。／病気は、早い時期に発見して治すことが大切だ。／歯医者さんに虫歯を治してもらう。熟語 治療・完治・根治

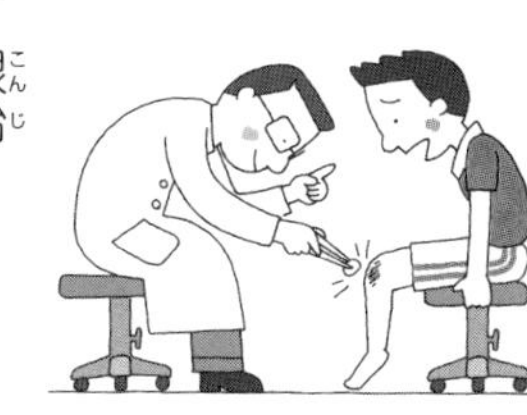

➡【治る】例けががが治る。／かぜが治る。

どっちかな？

❶栄養のあるものを食べて、一日も早く（直して 治して）ください。

❷大工さんにドアの立て付けを（直して 治して）もらう。

なか 中・仲

【中】

❶内側。内部。対外。例雨の日は家の中で遊ぶ。／心の中にあることをすべて話す。熟語 中庭・心中

❷**物と物の間。中間。まん中。**例祖母を中にして家族写真をとる。熟語 中継・中流・途中

❸**限られた範囲のうち。**例わたしは、果物の中ではイチゴが好きだ。熟語 空気中

❹**ある状態が続いているとき。**例人々が雨の中をかけて行く。／拍手の中を行進する。熟語 暗中・最中・暑中

【仲】

人と人との関係。例ぼくと田中君は親友の仲だ。／仲のいい友だちが集まる。／不動産業者が、家の売り手と買い手の仲をとりもつ。／二人は犬猿の仲（＝犬と猿の間柄の意味で、非常に仲が悪いたとえ）だ。熟語 仲間・仲人

ながい 永い・長い

【永い】

時間がはてしなく続くようす。例祖父は、家族に見守られて永いねむりについた（＝亡くなった）。／かれの功績は、のちのちまで永く語りつがれることだろう。／この祭りを伝統文化として末永く残したい。熟語 永遠・永久

【長い】

❶**はしからはしまでのへだたりが大きい。**対短い。例

どっちかな？こたえ ❶治して、❷直して

一〇メートル以上の長いロープを用意する。／三つの島をつないで長い橋をかける。熟語 長身・長針・長刀・長文

❷始まりから終わりまでの時間のへだたりが大きい。対 短い。例 祖父の説教は長い。／長い夏休みもあっという間に終わった。／原田さんとは長いつきあいだ。／かれはとても気が長い。熟語 長期・長命・長雨・長旅

参考 「永い」は、「長い」よりもさらに長く、「永久」「永遠」と思えるほどの時間をいうときに使う。また、「永い」は、「長い」より話の内容を美化する気持ちがふくまれる場合がある。

なく　泣く・鳴く・哭く・啼く

【泣く】

人が、悲しみや喜びなどのあまり、なみだを流し、声を出す。例 母にしかられて泣く。／転んで頭を打ち、あまりの痛さに声をあげて泣く。／自分が悪かったと泣いてあやまる。／試合に負けたくやしさで、選手たちが泣く。／遭難者救助の知らせに、家族が泣いて喜ぶ。熟語 号泣

【鳴く】

鳥やけものが声を出す。虫が羽をふるわせて音を出す。例 子ネコが「ニャー」と鳴く。／小鳥の鳴く声で目が覚める。／カエルが「ケロケロ」と鳴く。／夏は、セミの鳴く声がうるさいほどだ。熟語 鳴動・共鳴・悲鳴

参考 犬やライオンなどが、大きく太い声を出すときは、「鳴く」ではなく「ほえる」を使う。

【なく（哭く）】

人が体を上下に動かして大声をあげてなく。例 なきながらにすがりついて大声で哭く。

参考 なげき悲しむようすを強調した言い方。ふつうは「泣く」と書く。▽常用漢字外の字。

【なく（啼く）】

つぎつぎと声を出して続けてなく。

参考 鳥やけものにも、人にも使う。▽ふつうは「鳴く」「泣く」と書く。▽常用漢字外の字。

なくなる　亡くなる・無くなる

【亡くなる】

死ぬ。例 大好きだった祖父が去年の冬に亡くなった。／祖母は亡くなる直前に、遺言を残していた。熟語 亡霊・

亡者・死亡

↓【亡くす】例 ペットを亡くす。

【無くなる】ない状態になる。見あたらなくなる。例 お金が無くなった。／無くなる前に買い足しておく。／無くなって初めて大切さを知る。熟語 無意識・無縁・無学・無言

↓【無くす】例 借りていた本を無くしてしまった。

なまる 鈍る・訛る

【なまる（鈍る）】
❶刃物の切れ味が悪くなる。例 日本刀が鈍る。／包丁が鈍る。熟語 鈍器
❷働きがにぶくなる。例 現場からはなれていたので、うでが鈍る。／休みすぎて体が鈍る。熟語 鈍化・鈍感
参考 常用音訓にはない読み方。

【なまる（訛る）】標準語に合わない発音をする。例 興奮すると語尾が訛る。／ちょっと訛っているが、内容はよくわかった。
参考 常用漢字外の字。

ならう 習う・倣う

【習う】教えてもらって勉強する。けいこする。例 ピアノを習う。／英語を習う。／習うより慣れよ（＝人に教えられて覚えるよりも、自分でなんどもやりながら覚えたほうがよく身につくということ）。熟語 習熟・習得・学習

【ならう（倣う）】ほかのもののまねをする。例 習字では、一字一字をお手本に倣って書く。／前に倣え！ 熟語 模倣

どっちかな？ ❶先生について書道を（習う 倣う）。❷書道の先生のお手本に（習って 倣って）書く。

なる 成る・生る・為る

【成る】できあがる。成功する。成り立つ。例 長年の研究が成り、新発見につながった。／なせば成る（＝やろうと思えば、できないことはない）。／水は水素と酸素から成る。／将棋のこまの歩が金に成る。熟語 成功・成就・構成

↓【成す】例 群れを成す。／一代で財産を成す。

【なる（生る）】

どっちかな？こたえ ❶習う、❷倣って

実をつける。実る。例 真っ赤なリンゴが生る。／すず生りのカキ。熟語 生育・生誕・誕生

⬇【生す】例 二人の間に子を生す。

参考 常用音訓にはない読み方。

【なる（▼為る）】

❶（前とちがったものに）変わる。例 さっきまで雨だったのに、いつのまにか雪に為った。／子ネコが、大きく為る。／ハンカチがハトに為る手品を見た。

❷あるようすやある時刻に達する。例 春に為る。／もうすぐ朝に為る。／エレベーターが満員に為る。

❸（「お…になる」の形で）相手の動作を尊敬していうことば。例 先生がお話しに為る。

参考 ❶❷❸ともふつうかなで書く。▽常用音訓にはない読み方。

なれる　慣れる・馴れる

【慣れる】

❶何度も会ったり経験したりして、当たり前になる。習慣になる。例 新しい学校にようやく慣れる。／コンピューターの勉強を何度かして、パソコンの取りあつかいに慣れる。熟語 慣用・慣例・習慣

⬇【慣らす】例 プールで遊んで水に慣らす。

❷何度も行って、上手になる。例 慣れた手つきで、リンゴの皮をむく。

❸なじんで具合がよくなる。例 新しいくつが足に慣れてきた。

【なれる（▼馴れる）】

動物が人に親しんでなつく。なじむ。例 人によく馴れたイルカで、逃げるようすがない。／友だちの犬は、ぼくによく馴れている。／人に馴れたサルが、観光客にいたずらをする。熟語 馴化・馴致

⬇【馴らす】例 トラを飼い馴らす。

参考 常用漢字外の字。

におい　匂い・臭い

【におい（▼匂い）】

鼻に感じるかおり。好ましいにおいに使う。例 夕飯どきには、台所からおいしそうな匂いがする。／キンモクセイの花のよい匂い。／よい落語からは、下町の匂いが感じられる。

【におい（臭い）】
鼻に感じるくさみ。いやなにおいに使う。例夏の満員電車はあせの臭いがする。／ガスもれのくさい臭いがする。／犯罪の臭いのする街。熟語悪臭・異臭・体臭・無臭
参考「匂い」は、よいにおいに、「臭い」は、いやなにおいに使う。

ねんとう
年頭・念頭

【年頭】

年のはじめ。年始。㊟年末。例お正月には、近所の人と年頭のあいさつをかわす。／年頭にあたり、社長が今年の目標を述べる。／出初め式は、消防署の年頭の行事だ。


【念頭】

心のうち。頭の中。例安全第一を念頭において作業する。／ぼくは遊びに夢中で、宿題のことなど念頭になかった。／高校生の兄は、受験のことがいつも念頭からはなれないと言う。／祖父の最後のことばが念頭にうかぶ。

参考「念頭におく」は「いつも覚えていて心にかける」という意味。

のぞむ
望む・臨む

【望む】
❶遠くからながめる。例おかの上から海を望む。／はるかにアルプスの山々を望む。熟語望遠・展望
❷そうあってほしいと思う。願う。例世界の平和を望む。／かれには、いっそうの努力を望む。／望むとおりの結果を期待する。熟語望郷・希望

【のぞむ（臨む）】
❶向き合う。面する。例湖に臨んで、数けんの旅館が建っている。／海に臨むおかに登る。熟語臨海・臨床
❷ある場所に出る。例国の代表として国際会議に臨む。／選手が、試合に臨む意気ごみを語る。熟語臨場感・臨席
❸ある場面に出会う。例別れに臨んであいさつのことばを述べる。／その武士は死に臨んでも威厳を失わなかった。熟語臨機・臨時・臨終
参考「望む」は、「（ものやこと）を」、「臨む」は、「（場所）に」が前につくことが多い。

どっちかな? ❶万全の準備をして、試験に（望む　臨む）。
❷展望台から日本海を（望む　臨む）。

のびる　延びる・伸びる

【延びる】
時間やきょりが長くなる。長びく。例遠足の日が延びる。／野球の中継が延びる。熟語延期・延長・順延

⬇【延ばす】例命を延ばす薬を求めて旅に出る。

【のびる（伸びる）】
成長する。まっすぐになる。また、曲がったものがまっすぐになる。対縮む。例弟の身長が伸びる。／しわが伸びる。／勉強したかいがあって、成績が伸びた。熟語伸縮・伸長・伸展

⬇【伸ばす】例子どもの才能を伸ばす。

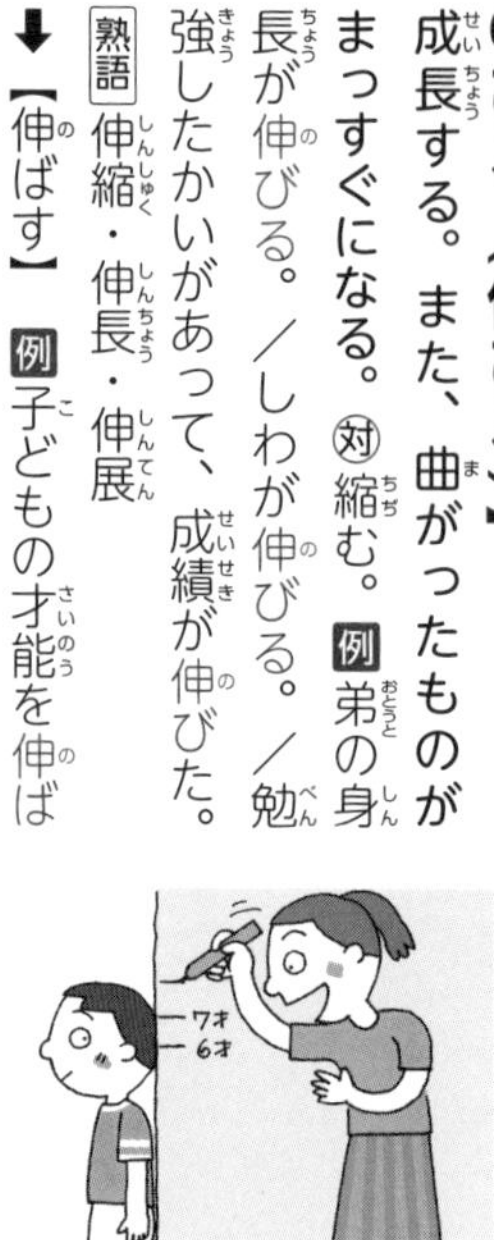

参考ふつう「延びる」は、「時間が長くなる」「範囲が広くなる」といった場合に使い、「伸びる」は、「成長したり引っ張ったり盛んになったりして、全体が長くなったり大きくなったりする」「まっすぐにする」といった場合に用いられる。

のぼる　上る・登る・昇る

【上る】
❶上のほうへ移動していく。対下る。下りる。例車が坂を上る。／階段を上る。／サケが産卵のために川を上る。熟語上気・上京・上昇

❷ある場面で取り上げられる。例来週の遠足のことが話題に上る。

❸ある数や量に達する。例大会の参加者は三千人に上る。

【登る】
（山などの）高いほうへあがっていく。対下りる。例近くの山に登る。／ヤシの木に登って実をとる。／ロープを伝ってがけを登る。熟語登山・登城・登録

参考おもに、登山をするような場面で使う。

【のぼる（昇る）】
太陽や月などが、空に高くあがる。対しずむ。降りる。例水平線から朝日が昇る。／うれしくて、天にも昇る気持ちだ。／努力して社長の地位に昇る。熟語昇降・昇進

参考「昇る」には、「勢いよくあがる」という意味合いがある。

どっちかな? こたえ　❶臨む、❷望む

のる　乗る・載る

【乗る】

❶**人がのりものに移る。物の上にあがる。** ㊫降りる。例 電車に乗る。／馬に乗る。／ふみ台に乗る。熟語 乗降・乗車・乗務

↓【乗せる】例 バスが停留所で、乗客を五人乗せた。

❷**風、リズム、勢いなどについていく。うまくいく。** 例 祭りばやしが風に乗って聞こえてくる。／リズムに乗っておどる。／好調の波に乗り、オーディションにうかる。／友だちの相談に乗る。熟語 便乗

↓【乗せる】例 音楽に乗せてエールを送る。

【のる（載る）】

❶**物の上に置かれる。** 例 机の上に本が載っている。／トラックに荷物が載る。熟語 積載・搭載

↓【載せる】例 トラックの荷台に、荷物を載せる。

❷**新聞や雑誌に文章などが出る。** 例 自分が書いた作文が新聞に載る。熟語 掲載

↓【載せる】例 人気作家の小説を、新聞に載せる。

はえる　生える・映える・栄える

【生える】

❶**草や木が芽を出す。** 例 庭に雑草が生える。熟語 群生・自生

❷**歯・毛・角などが出てくる。** 例 赤ちゃんの前歯が生える。／おすのシカには大きな角が生えている。／頭にしらがが生える。／おたまじゃくしに足が生える。熟語 再生

↓【生やす】例 ひげを生やす。

【はえる（映える）】

❶**光に照らされてかがやく。** 例 山なみが夕日に映える。／ヒマワリが夏の日ざしに映える。／青空に雪山の雪が映える。熟語 反映

❷**調和して美しく見える。引き立つ。** 例 白いワンピースに赤いサンダルがよく映える。

【はえる（栄える）】

りっぱに見える。目立つ。 例 栄えある賞をいただき、とても光栄です。熟語 栄華・栄光

参考 「栄えある（＝名誉ある）…」の形で使われることが多い。「出来栄え」「見栄え」は、「出来映え」「見映え」とも書く。

はかる　図る・計る・測る・量る・謀る・諮る

【図る】

考えてこころみる。くわだてる。 例 長年市民をなやませ

ていた問題の解決を図る。／助っ人をたのんで、チームの強化を図る。熟語 意図・企図

【計る】 数・時間をかぞえる。また、考えて計画する。工夫する。例 五〇メートル走のタイムを計る。／タイミングを計る。／両親や祖父母から受けてきた、計り知れない愛情。熟語 計画・計器・計算・計略

【測る】 長さ・深さ・面積を調べる。また、おしはかる。例 河口の水深を測る。／身体測定で、身長を測る。熟語 測定・測量・推測

【量る】 重さ・容積・分量を調べる。また、おしはかる。例 おふろあがりに、体重を量る。熟語 推量

【はかる（謀る）】 よくない相談をする。だます。たくらむ。例 要人の暗殺を謀る。熟語 謀議・謀略・陰謀

【はかる（諮る）】 上の者が下の者にたずねる。専門家などに相談する。例 議会に諮る。熟語 諮問

参考 「計…時間」、「測…長さ・深さ・広さ」、「量…重さ、体積」によるちがいで使い分ける。

予測や推量を意味する「計・測・量・図」、相談を意味する「計、図」、計画を意味する「計・図・謀」などの間では、区別せずに使われることも多い。使い分けは難しく、多くの場合かな書きにされる。「暗殺を図る／謀る」といった場合、「図る」は単なる計画を指し、「謀る」は二人以上の人が相談してたくらんだことをふくんでいる。

はじめ 初め・始め

【初め】 ある時間や期間の中で、もっとも早い時。最初。対 終わり。例 五月の初めには連休がある。／年の初めに神社にお参りする。／秋の初めのころは残暑が厳しい。／初めに自己紹介をしてからパーティーを始める。／わたしは、こ

の計画には初めから反対だった。熟語 初夏・初回・初日

参考「時」のはじめは「初め」と覚えよう。

【始め】

ものごとをはじめること。また、ものごとの起こり。 対 終わり。例 事件の始めから終わりまでの経過を説明する。／剣道のけいこ始めに出る。／父の会社は、一月五日が仕事始めだ。／宇宙の始めのころについて研究する。／父を始め、みんな反対した。熟語 始祖・年始

参考「ものごと」のはじめは「始め」と覚えよう。

どっちかな？
❶文の書き（始め 初め）は、一ます下げる。
❷新しい年の（始め 初め）に書き初めをする。

はっこう 発行・発効・発酵

【発行】

新聞・雑誌・書物・紙へい・入場券などを作って、世に出すこと。 例 学級新聞を発行する。／新聞の発行部数。／領収書を発行する。／パスポートを発行する。

【発効】

条約や法律などが働きをもつようになること。 対 失効。例 地球温暖化に関する条約が発効する。

【発こう（酵）】

酵母菌やこうじ菌、細菌の働きで、でんぷんや糖分が分解してほかのものに変わること。 例 納豆は大豆を発酵させてつくる。

参考 酒・しょうゆ・みそなどは、この働きを利用してつくられたもの。

はっしん 発信・発進

【発信】

電報・郵便・通信・電波などを送り出すこと。 対 受信。例 遭難した船がSOSを発信する。／この手紙は、京都市から発信されている。／けいたい電話からの発信が増えている。／平和への願いを世界に発信する。

【発進】

飛行機・船・自動車などが、出発すること。 例 信号が青に変わり、車を発進させる。／ならんだモーターボートがいっせいに発進する。／列車は発進・加速・減速・停止をくり返して目的地に向かう。／偵察のために戦闘機が基地を発進する。

参考「大関が白星発進」のように、戦いや競争をスタートするという意味で使われることもある。

どっちかな？こたえ ❶始め、❷初め

はなす 放す・離す

【放す】

❶（つかまえていたものを）自由に行動させる。例 空に鳥を放す。熟語 放牧・放流・解放

↓【放れる】 例 犬が、つながれていたくさりから放れる。

❷つかんでいることをやめる。例 おもちゃをつかんで放さない。／手を放す。熟語 放置・放任

参考「離す」とも書く。

❸（あることばの下につけて）そのままにしておく。ほったらかしておく。例 大事な宝物を手放す。／うそつきの人を見放す。／窓を開け放す。

【はなす（離す）】 別々にする。間をあける。例 となりの人の机と自分の机を離してテストを受ける。／一〇センチメートルずつ離して種をまく。／目を離す。／切り離す。熟語 隔離・距離・分離

↓【離れる】 例 親元を離れる。

はやい 早い・速い

【早い】

❶時刻や時期が前である。対 おそい。

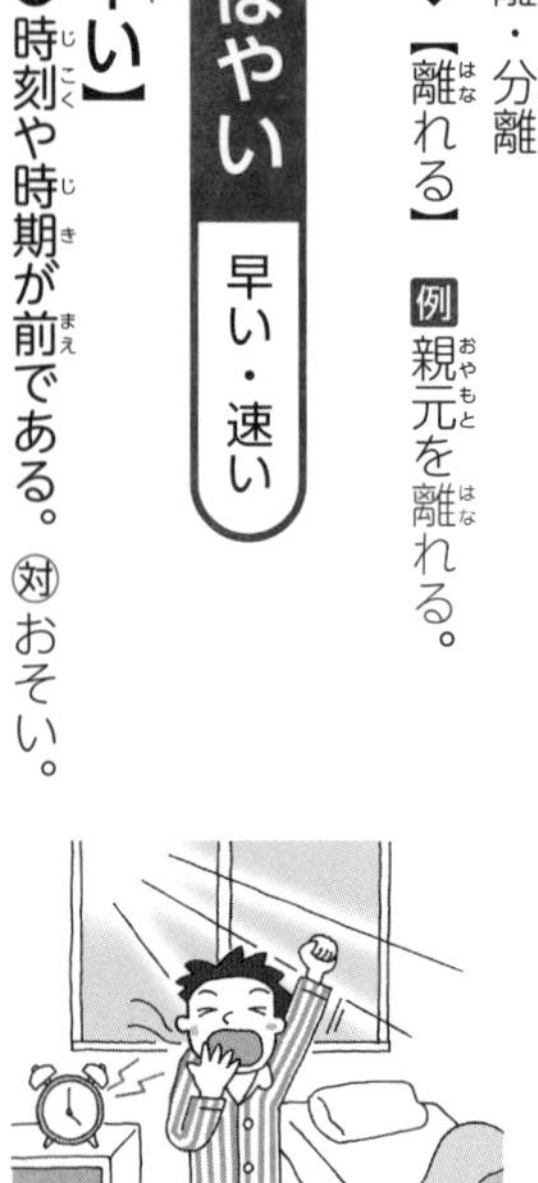

例 朝の早いうちに起き出す。／予定より一日早く旅行から帰ってくる。／受験をあきらめるのは、まだ早い。／早く返事をください。／早い者勝ち。熟語 早急・早産・早退

❷時間がかからない。てっとりばやい。例 手紙を書くより、会って話すほうが早い。

【速い】 すばやい。スピードがある。対 おそい。

例 兄は、足が速い。／もっと速く歩こう。／川の上流では水の流れが速い。／あの投手は、時速一五〇キロの速い球を投げる。／モーターの回転が速くなる。熟語 速達・速度・速読

参考「早い」は時間に、「速い」はものの動きに着目して使う。

どっちかな？

❶母は「（早く　速く）しなさい」と言うのが口ぐせだ。
❷姉は、ぼくより走るのが（早い　速い）。
❸遅刻しそうなので、朝ごはんを（早く　速く）食べる。
❹明日は（早く　速く）起きて朝ごはんを食べる。

どっちかな？こたえ　❶早く、❷速い、❸速く、❹早く

はんめん　半面・反面

【半面】 顔の半分。また、広さをもったものの、半分。㊇全面。例 コートの半面を使ってサッカーをする。

【反面】 反対側の面。一方から見たところ。例 反面教師。

はんらん　反乱・氾濫

【反乱】 国や政府にそむいて、世の中をみだすこと。例 民衆が反乱をおこす。

【はんらん（氾濫）】 あふれること。満ちあふれること。例 台風で川が氾濫した。／カタカナ語が氾濫する。

はんれい　判例・凡例

【判例】 裁判で出された判決の実際の例。例 過去の判例を調べる。

【はん（凡）例】 本のはじめに使い方や読み方を書いた、説明。例 辞典の凡例を読む。

ひうん　悲運・非運

【悲運】 かなしい運命。例 悲運にめげずに生きる。

【非運】 運がわるいこと。㊇幸運。例 非運をなげく。

ひっし　必死・必至

【必死】 命がけで一生懸命になること。死にものぐるい。例 強い敵を相手に、必死に戦う。／おぼれそうになって必死にもがく。／毎日必死に練習したおかげで、競技会で一位になれた。／自分は無実だと、必死になってうったえる。／必死の努力が実って、あこがれの学校に入学できた。

【必至】 必ずそうなるにちがいないこと。例 こんなに練習量が少ないのでは、試合に負けるのは必至だ。／この売れゆきでは、今年も店の赤字は必至だ。

参考 「必ず至る」と訓で読める。

どっちかな? ❶合格（必死　必至）の学習方法。
❷（必死に　必至に）勉強して、難関校に合格した。

ひとり　一人・独り

【一人】 人の数が、一つであること。例 わたしには弟が一人います。／一人当たりの給食費。／三人に一人の割合。／一人っ子が増えている。

参考 常用漢字表付表に示された読み方。

【独り】 ❶自分だけで相手や仲間がいないこと。例 独りで留守番をする。／独りさびしく食事をとる。／おかしを独りじめする。熟語 孤独・単独・独学・独身

❷ただ単に。例 環境問題はひとり日本だけの問題ではない。

参考 ❷は下に「…ない」などの打ち消しのことばがきて、多くかなで書く。

参考 ふつう「一人」は、人数に着目した言い方で、「独り」は、孤独・独立・単独といった意味を強調した言い方となる。「一人暮らし」が、単に「家族とではなく一人で生活する」ことをいうのに対し、「独り暮らし」は、「身寄りや仲間がいない、自分だけ」というふくみがある。

ひょうき　表記・標記

【表記】 ❶おもてに書くこと。例 あて名は表記のとおりです。

❷文字や記号で書きあらわすこと。例 ふりがなをカタカナで表記する。

【標記】 目じるしとして書く、符号。例 交通標記。

ひょうじ　表示・標示

【表示】 はっきりと外にあらわすこと。例 受付番号をモニターに表示する。／意思表示。

【標示】 目じるし。例 道路標示をつける。

どっちかな？こたえ　❶必至、❷必死に

ふしん　不信・不振・不審

【不信】

約束を守らず、信用できないこと。例 人から不信をかってしまう。


【不しん（振）】

勢いが盛んでないこと。例 食欲が不振だ。


【不しん（審）】

疑わしいこと。例 不審者に注意する。

ふじん　夫人・婦人

【夫人】

他人の妻を敬って言うことば。おくさま。対 夫君。例 キュリー夫人。／大使夫人。／夫人を同伴する。


【婦人】

大人になった女の人。対 紳士。殿御。殿方。例 デパートの婦人服売り場に行く。／婦人会。


どっちかな？ ❶（夫人　婦人）用トイレは、二階にございます。❷大統領（夫人　婦人）のことをファーストレディーという。

ふだん　不断・普段

【不断】
❶たえることなく続くこと。例 不断の努力。
❷ずばりと決断ができないこと。例 優柔不断（＝ぐずぐずして決断できない）でなかなか決まらない。

【ふ（普）段】

いつも。つねづね。例 普段は九時にねます。／普段着で外出する。

ふへん　不変・不偏・普遍

【不変】

ずっと同じであること。変化しないこと。例 太陽が東からのぼるのは、不変の真理だ。


【不へん（偏）】

かたよらないこと。中立の立場に立つこと。例 不偏不党（＝どちらにも味方をしない、中立の立場に立つこと）。


【ふへん（普遍）】

それぞれ別々ではなく、すべてのものに当てはまること。例 普遍の原理（＝すべてのものに当てはまる原理）。／どの国でも通用する普遍的な決まり。

どっちかな？こたえ ❶婦人、❷夫人

へいこう

平行・平衡・並行

【平行】

❶二つの直線または平面が、同じ間隔を保って、どこまでも交わらないこと。例この四角形は、二組の平行な線からできている。／二本のレールが平行して走る。／平行に引かれた五本の線の上に音符を書き入れる。

❷意見などがくいちがって合わないこと。例二人の意見はまったくかみ合わず、平行状態が続く。

【平こう（衡）】

つり合いがとれていること。例体の平衡感覚。

【へい（並）行】

❶二つ以上のものがならんで行くこと。例マラソンで五人の走者が並行して走る。／この区間では、電車とモノレールが並行して走っている。／荷物は、トラックと並行して列車でも運ばれている。

❷二つ以上のものが同時に行われていること。例競技場では、三〇〇〇メートル競走と走りはばとびの二種目が並行して行われている。

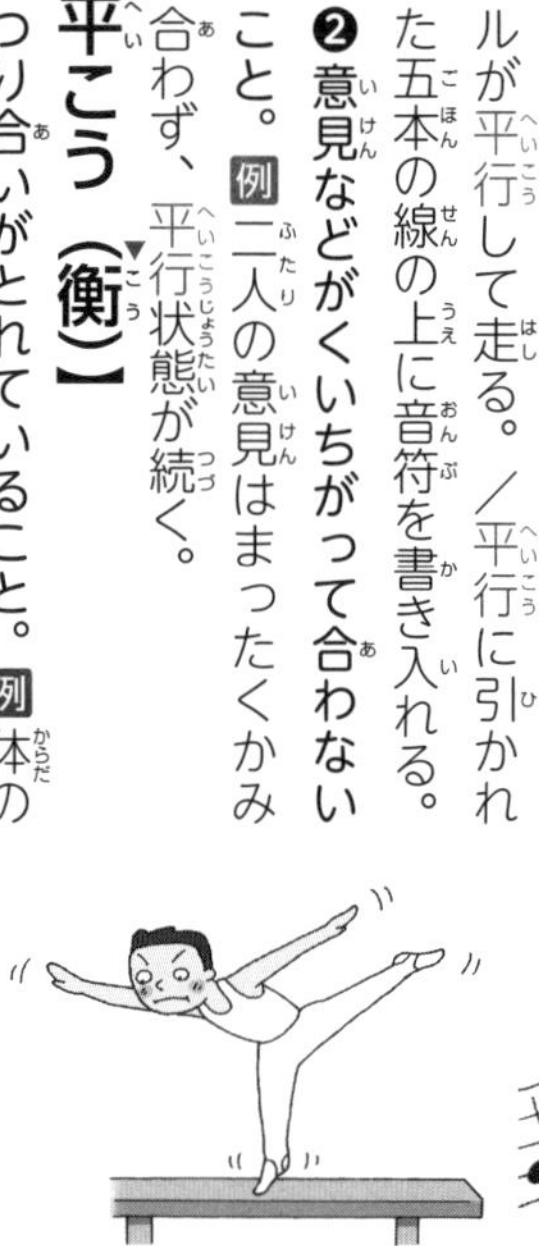

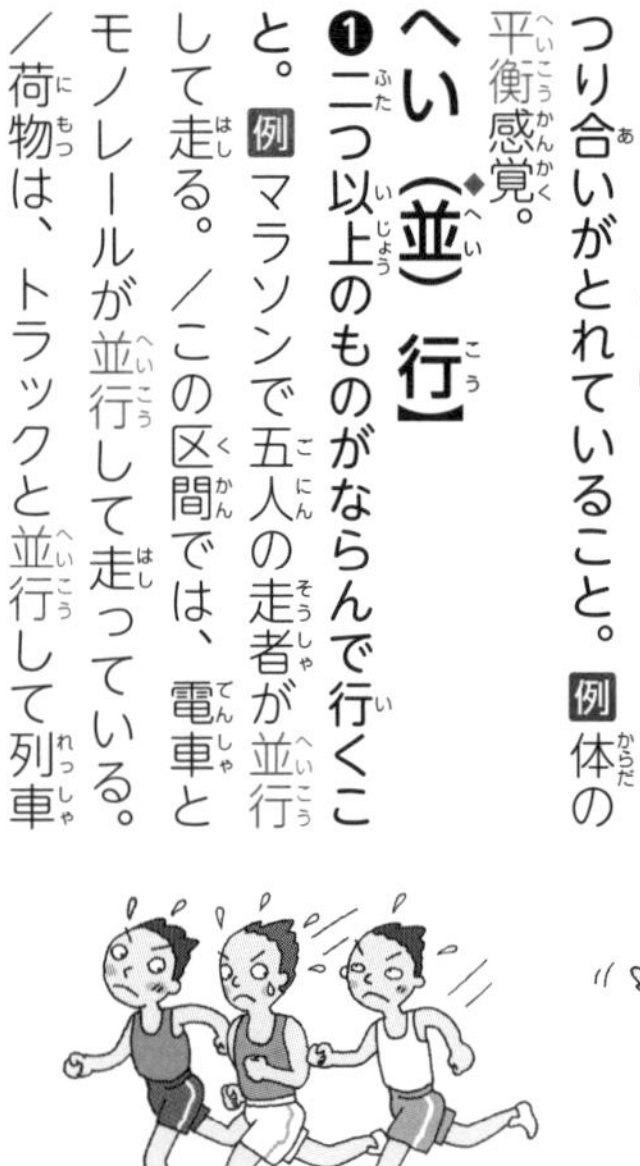

へる

経る・減る

【経る】

❶時がたつ。月日が過ぎる。例友人と三年の年月を経て再会する。／寺は建てられてから二百年を経ている。

熟語 経験

❷ある場所や段階を通る。例東京から名古屋を経て大阪に行く。／きびしい修業を経て、一流の料理人になる。

熟語 経由・経路

【減る】

数や量が少なくなる。対増える。増す。例子どもの数が減る。／おこづかいが減る。／体重が二キログラム減る。

熟語 減少・減点・減量・加減

⬇【減らす】例太りすぎたので、食事の量を減らす。対増やす。増す。

参考「腹が減る」は「おなかがすく」という意味。

ほけん

保険・保健

【保険】

病気や災難などにあったときに一定の額のお金が受け取れるように、お金を出し合ったり、積み立てておいたりする制度。例 万が一のときのために生命保険に入る。／家が火事になり、火災保険から保険金がしはらわれた。／健康保険証を提示する。

【保健】 体をじょうぶにして、病気にかからないようにすること。例 学校の保健室で休む。／町の保健所で予防注射を受ける。／住民の保健衛生を考える。

参考 ふつう、ほかのことばにつけて使われる。

ほしょう　保証・保障・補償

【保証】 まちがいないと、うけあうこと。例 かれがまじめな人物であることは、私が保証します。／あの人が必ず来るとは保証できない。／この時計には、保証書（＝品質を保証する書類）がついている。

【保障】 ほかからの害を受けないように守ること。例 言論の自由は、憲法によって保障されている。／国の安全を保障するための条約が結ばれる。／国民の安全で健康な生活を保障するための制度を整える。

【補しょう（償）】 あたえた損害のつぐないをすること。例 被害者が、事故を起こした会社に補償を求める。／災害で漁ができない漁師に対して、補償金がしはらわれる。

どっちかな？
❶健康だからといって長生きする（保証　保障）はない。
❷かれの人柄は、ぼくたちが（保証　保障）します。
❸安全を（保証　保障）するための、各国間の取り決め。

ほどう　歩道・舗道

【歩道】 道路で人が歩くように区切ってあるところ。㊥車道。例 横断歩道をわたる。

【ほ（舗）道】 表面をアスファルトや石などでかためた道路。例 ヨーロッパの街並みにある、石でしきつめた舗道。

ほる　掘る・彫る

【ほる（掘る）】
❶地面に穴をあける。例 地面に穴を

どっちかな？こたえ　❶保証、❷保証、❸保障

掘って、秘密基地を造る。／トンネルを掘る。熟語 掘削

❷地面に穴をあけて、うまっているものを取り出す。例 いもを掘る。熟語 採掘・発掘

【ほる（彫る）】

きざむ。ちょうこくする。例 仏像を彫る。／石碑に文字を彫る。

熟語 彫金・彫刻・彫像

まく　巻く・蒔く・播く・撒く

【巻く】

❶ぐるぐるとまわして丸くたたむ。長いものをまわしてからみつける。丸く動かす。例 ポスターを巻いて、輪ゴムでとめる。／けががひどいので、包帯を足に巻いて病院に行った。／時計のねじを巻く。／瀬戸内海で、船から大きなうずを巻いたうずしおを見た。熟語 巻物・絵巻・竜巻・葉巻

❷周囲を取り囲む。例 けむりに巻かれて、息が苦しくなった。

【まく（蒔く）】

植物を育てるために、種を地面に散らす。例 ヒマワリの種を蒔く。／争いの種を蒔く。熟語 蒔絵

参考 常用漢字外の字。

【まく（播く）】

「蒔く」と同じ。熟語 播種・伝播

参考 常用漢字外の字。

【まく（撒く）】

❶（水・粉・豆・びらなどを）あちこちに散らす。例 庭に水を撒く。／節分の日に豆を撒いた。熟語 撒水・撒布

❷あとをつけていた人などをかわして、姿をくらます。例 今日は友だちとサッカーをするので、弟を撒いてでかけた。

参考 ❷はふつうひらがなで書く。▽常用漢字外の字。

まじる　交じる・混じる・雑じる

【交じる】

別のものが入りこんで、いっしょになる。例 漢字にかなが交じる。／子どもが大人に交じっておどる。／黒いかみに、しらがが交じる。／男性に交じって女性の姿もちらほら見える。／父の話すことばには時々方言が交じる。

熟語 交互・交差・交通・社交

⬇【交ざる】例「交じる」と同じ。

⬇【交ぜる】例 米に麦を交ぜてたく。

【混じる】

別のものがいっしょになって、区別できなくなる。例 酒

に水が混じる。／電話の声に雑音が混じる。／塩と砂糖が混じる。／いろいろなにおいが混じる。熟語 混合・混声・混同・混入

⬇【混ざる】例「混じる」と同じ。

⬇【混ぜる】例 よく混ぜてから、飲む。

参考 いっしょになったあとで、区別できるのが「交じる」。区別できないのが「混じる」。

【まじる〔◆雑じる〕】

いろいろな種類のものがいっしょになる。例 ほかの犬種の血が雑じる。／異物が雑じる。熟語 雑貨・雑種

⬇【雑ざる】例「雑じる」と同じ。

⬇【雑ぜる】例 セメントに砂を雑ぜる。

参考 純粋ではないことをいうときに使う。▽「混じる」に近いので、「混じる」と区別せずに使われることが多い。▽常用音訓にはない読み方。

どっちかな？
❶赤い金魚の中に、黒い金魚が（交じって　混じって）いる。
❷川の水と海の水とが（交じる　混じる）場所。

まち　町・街

【町】

❶地方公共団体の一つ。市より小さく、村より大きい。例 町から、生まれ故郷の村に帰る。熟語 町長・町立・町役場

❷家や店がたくさんある、ひとまとまり。例 山から町を見下ろす。／町じゅうの人が喜んでむかえてくれた。熟語 町内・下町・港町

参考 ❷は「街」とも書く。

【街】

道にそって店や家のたちならぶ、にぎやかなところ。特色のあるところに使うことが多い。例 古本の街、神田で、本をさがす。／街へ買い物に出かける。熟語 街路・市街・商店街・中華街・繁華街

参考「町」は比較的広い地域を意味し、「街」はたくさんの人が買い物をする「繁華街」を意味することが多い。

まるい　丸い・円い

【丸い】

❶ボールのような形をしているようす。例 地球は丸い。／丸い石がころころと転がる。／おばあさんが、背を丸くしてすわる。熟語 丸薬・弾丸

❷かどが立たず、おだやかであるようす。例 もめごとを

どっちかな？こたえ ❶交じって、❷混じる

丸くおさめる。／祖父は、年を取って人柄が丸くなった。

【円い】

❶コンパスでかいた円のような形をしているようす。例 今夜は月が円く見える。／庭に円い池をつくる。／色紙を円く切りぬく。
熟語 円座・円柱

❷おだやかであるようす。例 人柄が円い。熟語 円熟・円満

参考 人がらについては、新聞では「円い」を使うが、一般的には「丸い」を用いてもよい。

参考 「円い」は、平面的な円形をいうときに使い、「丸い」は立体的な球体をいうときに使う。

まわり　回り・周り

【回り】

❶まわること。回転。例 車輪の回りが速くなる。／模型飛行機のプロペラの回りが悪い。／時計の針の回りがおそく感じられる。熟語 回転・回路

❷目的地へ行くのに別のところを経由すること。例 西回りでインドを目指す。／遠回りして、サクラを見ていこう。

❸ゆきわたること。広がること。例 火の回りが早く、あっという間に全焼してしまった。

❹体の近く。例 首の回りのあせをぬぐう。／身の回りの品をかばんにつめる。

参考 周囲の意味では、「胴の回り／池の周り」などのように書く習慣がある。

【周り】

❶付近。あたり。周囲。例 家の周りをそうじする。／池の周りを散歩する。／人工衛星が地球の周りを回る。／周りの目を気にする。／周りの人にちやほやされる。／周りの景色に見とれる。熟語 周辺・周遊

❷ふち。へり。例 コップの周り。

参考 「回り」とも書く。

どっちかな? ❶時計（周り　回り）に進んでください。
❷（周り　回り）の期待にこたえるようがんばる。

みとう　未到・未踏

【未とう（到）】
まだだれも行きつかないこと。例 前人未到の記録。

【未とう（踏）】
山や秘境など、まだだれも足をふみ入れていないこと。

どっちかな？こたえ　❶回り、❷周り

例 人跡未踏のジャングル。

参考 「未到」は記録や境地などに、「未踏」は人が行ったことのない場所に使う。

みる　見る・看る・視る・覧る・観る・診る

【見る】
視覚を働かせてとらえる。例 おしべとめしべのちがいをよく見る。／テレビを見ながら宿題をしておこられた。／いつ見てもほれぼれする。
熟語 見学・見聞・見所・拝見・発見・花見

【みる（看る）】
看護する。世話をする。例 看護師が夜中に入院患者を看る。熟語 看護
参考 常用音訓にはない読み方。

【みる（視る）】
まっすぐにみる。ものごとを注意して調べる。例 現場の状況を視る。／人を視る目。熟語 視察・監視・巡視
参考 常用音訓にはない読み方。

【みる（覧る）】
ひととおり目をとおす。例 新聞を覧る。熟語 閲覧・回覧
参考 常用音訓にはない読み方。

【みる（観る）】
見物する。また、遠くからよくみる。例 サッカーの試合を観る。／映画を観る。熟語 観客・観察・観戦・観覧・外観・主観
参考 常用音訓にはない読み方。

【みる（診る）】
病気の状態を調べる。例 医者が患者を診る。／脈を診る。／医者に診てもらう。熟語 診察・診断・聴診・問診
参考 「看る・視る・覧る・観る・診る」は、一般に「見る」で代用する。

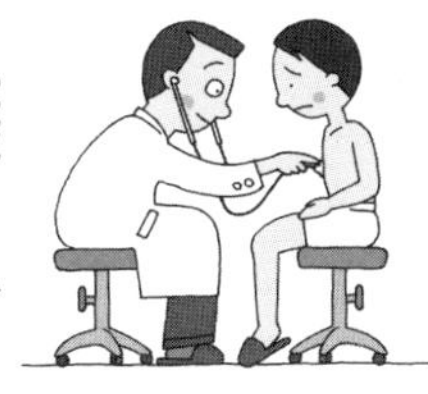

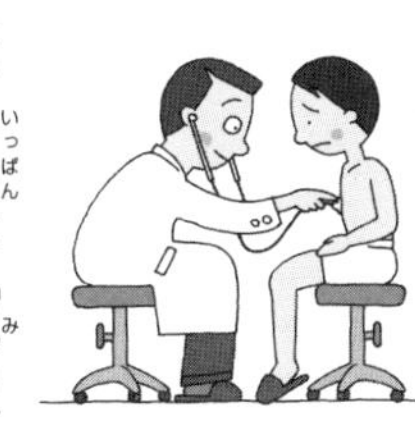

みんぞく　民族・民俗

【民族】
同じ土地からおこり、同じことばを使い、同じような暮らし方をしている人々の集まり。例 世界の民族衣装を着る。／ゲルマン民族の大移動。／アメリカや中国は、多民族国家である。

【民ぞく（俗）】
人々の暮らしの中にある、いろいろな場面でのしきたり。

また、古くからつたわるならわし。例お祭りで、民俗芸能の獅子舞をおどる。／民俗文化財を伝承する。／正月の民俗は、もちの形一つをとっても、場所によってちがう。

むじょう 無上・無常・無情

【無上】 このうえない。例見返りなどはどうでもよく、多くの人の役に立てることが無上の喜びだった。

【無常】 ❶永遠につづくものは、何もないこと。例友だちとの突然の別れに、人生の無常を感じる。❷人の世は変わりやすく、はかないものであること。例大会社が倒産し、世の無常を感じる。

【無情】 思いやりの気持ちがないこと。例困っている人を見捨てるような無情なことは、ぼくにはできない。／相手の無情なしうちをうらむ。／楽しみにしていた遠足なのに、無情にも雨が降り出した。

参考 似た意味のことばに「非情」がある。

めいき 明記・銘記

【明記】 よくわかるようにはっきり書くこと。例欠席の理由を明記する。

【めい（銘）記】 はっきりと心にきざんで忘れないこと。例先生の教えを心に銘記する。

コラム ひらがなで書かれることば

みなさんは、漢字で書けることばは、漢字でなるべく書くようにしていることと思います。ところが、小学校で習う漢字でも、あまり漢字で書かれないことばがいくつかあります。

たとえば、「書くようにしている」の「いる」や「使うことで」の「こと」、「身につくものだ」の「もの」などは、「居る」「事」「物」といった漢字を使わず、ひらがなで書きます。これらのことばは、ほかのことばにくっついて助ける働きが強いため、漢字では書かないのです。

「使ってみる」「ところが」「あまり」なども、「見る」「所」「余り」という意味からはなれて、ほかのことばを助ける働きが強いので、漢字では書きません。「うまくやるこつ」というときの「こつ」も、ひらがなやカタカナで書くことが多く、「骨」と書くことはまずないでしょう。

めいげん　名言・明言

【名言】人の心をうつ、すぐれた教えをふくんでいることば。例あの人の名言は、心にひびく。

【明言】はっきりと言いきること。例コーチは「必ず勝てる」と明言した。／原因について明言をさけた。

もうける　設ける・儲ける

【設ける】❶前もって用意する。前もって準備する。例学級会でテーマを設けて話し合う。
❷つくる。こしらえる。置く。例文化祭の看板を設ける。／新しく委員会を設ける。熟語設営・設置・設備

【もうける（儲ける）】❶利益を得る。得をする。例フリーマーケットで不要品を売って儲ける。／六個入りのたこ焼きと思ったら七個入っていた。一個儲けた。／今日がしめ切りだと思っていたら、明日だった。一日儲けた。
⬇【儲かる】例飛ぶように売れて、お金が儲かる。／ごちそうになって儲かった。
❷子どもを得る。例一男一女を儲ける。
参考常用漢字外の字。

もと　元・本・下・基・素

【元】❶以前。昔。例机の位置を元にもどす。／元の首相が外国を訪問する。
❷ものごとの始まり。原因。例口は災いの元だ。／けがが元で亡くなる。熟語元日・元祖・元年・元来・出版元・根元
❸もとで。元金。例こんなに安く売ったら元が取れない。／元も子もない（＝元金も利息も失うことから、すべてを失って何にもならない）。／元金と利子。熟語元本

【本】❶ものごとの中心となるだいじな部分。例練習の方法を本から見直す。／年金制度の本を正す。熟語本意・本家・本質
❷根もと。根源。㊉末。例木を本から切る。熟語本草・根本・大本

【もと（下）】❶下。下のあたり。例太陽の下で遊ぶ。
❷人のえいきょうがおよぶ範囲。また、条件や制限がお

よぶ範囲。例親の下をはなれて暮らす。／先生の指導の下で実験を進める。／一日八時間の労働という条件の下で働く。熟語管下・県下・城下

【もと（基）】

ものごとが成立するためのよりどころ。基礎。土台。例この小説は、事実が基になっている。／調査したことを基にして報告文を書く。／判断の基となる資料。／実験の結果を基に推測する。熟語基礎・基地・基点・基本

【もと（素）】

材料。例味つけの素。／ホットケーキの素。／温泉の素。熟語色素・要素

参考「元・本」と書いてもよい。かなで書くことが多い。

▽常用音訓にはない読み方。

どっちかな？ ❶かんとくの（下で　元で）きびしい練習をする。
❷事実を（元に　基に）考える。

やさしい　易しい・優しい

【易しい】

簡単にできる。わかりやすい。㊊難しい。例易しい問題なので、すぐに解ける。／このけいたい電話は、だれでも易しく操作できる。／政治の問題を、子ども向けに易しく解説する。熟語簡易・平易・容易

【やさしい（優しい）】

❶**思いやりがある。親切だ。**例困っている人に優しいことばをかける。／おばあさんは孫の頭を優しくなでた。／わたしは心の優しい人間になりたい。

❷**すなおでおとなしい。**例兄は気だてが優しくもの静かだ。

❸**上品で美しい。**例姉は、優しい色合いの洋服が似合う。／優しい顔だちの男性が訪ねてきた。熟語優美

やせい　野生・野性

【野生】

動物や植物が、山や野で自然に育つこと。例野生のサルが人里に現れる。／山で、野生のシメジを採る。／この山の頂上付近には、高山植物が野生している。／かごからにげ出したインコが野生化する。

【野性】

けものなどがもつ、自然のままの性質。また、あらあらしい性質。例犬が、野性をむきだしにしてうなる。／動物園のライオンが、野性に目覚める。／かれは、野性的なところがある。

どっちかな？こたえ　❶下で、❷基に

やぶれる　破れる・敗れる

【破れる】

❶**紙や布などが、さける。さけて穴があく。** 例 くぎにひっかけて、スカートが破れる。／物を入れすぎて紙ぶくろが破れる。／雨にぬれて書類が破れる。熟語 破壊・爆破

⬇【破る】 例 紙を破る。

❷**ものごとが成り立たずに、だめになる。** 例 宇宙飛行士になる夢が破れる。／和平が破れて、戦争になる。熟語 破局・破断

⬇【破る】 例 約束を破る。／記録を破る。

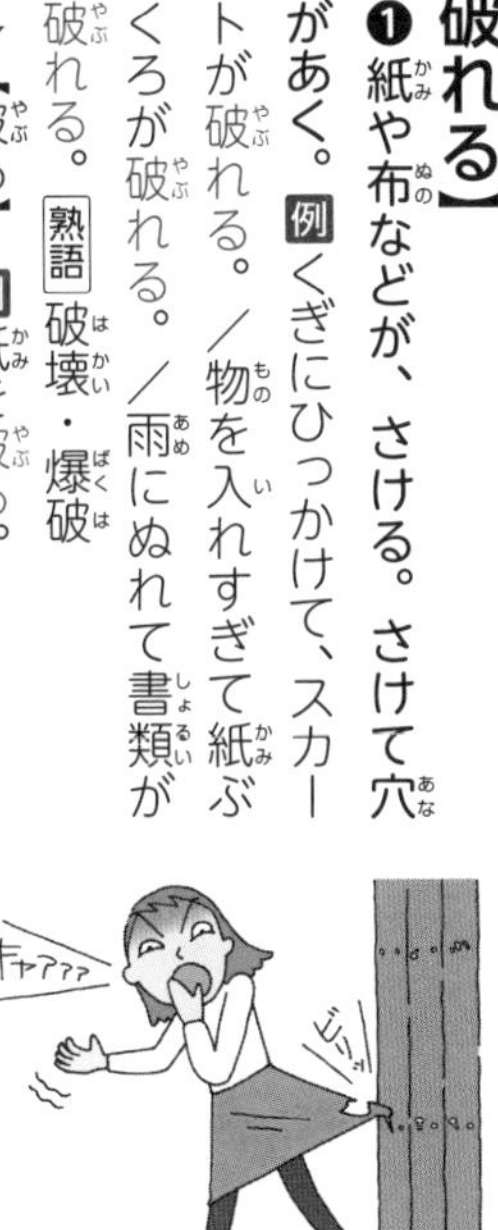

【敗れる】

戦いや試合で、相手に負ける。 対 勝つ。例 日本チームが外国チームに敗れる。／試合に敗れた選手が、勝者に握手を求める。／A社との新製品の開発競争に敗れる。熟語 敗戦・敗退・敗北

参考 相手に勝つという意味で、「優勝候補を敗る」とも書けるが、「敗る」が常用音訓にはない読み方なので、ふつう「優勝候補を破る」と書く。

どっちかな？ 国（敗れて　破れて）山河あり（＝国は戦いで破壊されてしまったが、山も河も変わらず昔のままである）。

やむ　止む・病む

【やむ（止む）】

とまる。 例 雨が止む。／止むに止まれぬ（どうしようもない）事情から、手を貸すことになった。

参考 常用音訓にはない読み方。

【やむ（病む）】

病気になる。 例 祖母は目を病んでいた。／我が子のことで気に病む。／わいろが横行して、病める国となっていた。

やめる　止める・辞める

【やめる（止める）】

途中で終わりにする。行わなくなる。中止する。 例 時間がきたので、練習を止める。／ゲームを止める。／旅行を止める。熟語 休止・禁止・中止・停止

参考 常用音訓にはない読み方。

【やめる（辞める）】

ある地位や役目を、退く。例会社を辞める。熟語辞職・辞退・辞任

やわらかい

柔らかい・軟らかい

【やわらかい（柔らかい）】ふんわりしている。しなやかに曲げたりのばしたりでき、すぐまた元の形にもどることができる。おだやかである。対固い。堅い。例体が柔らかい。／パンが柔らかくて、おいしい。／みほちゃんは人当たりが柔らかいので、友だちから人気がある。熟語柔順・柔軟・柔和

【やわらかい（軟らかい）】形をたやすく変えられるようす。かたくるしくない。ゆうずうがきく。対硬い。例アルミかんは軟らかいので、すぐにつぶすことができる。／今日のご飯は軟らかくて、すこし水っぽい。／軟らかい内容の番組をぼうっと見る。熟語軟球・軟弱・軟派・軟便

よい

良い・善い・好い・佳い

【良い】ほかのものよりすぐれている。このましい。対悪い。例このチーズは味が良い。／テストで良い成績を取る。／かれは記おく力が良い。／運動会は、良い天気にめぐまれた。／あの人は、人がらが良い。熟語良好・良心

参考「いい」よりも改まった言い方。▽「…してもよい。」の場合は「よい」とかなで書くことが多い。

【善い】道理にかなっていてりっぱだ。正しい。対悪い。例毎日、善い行いを心がける。／かれの言動が善いか悪いか、冷静に判断する。熟語善意・善玉・善人

参考おもに、道徳的にみて、よい・悪いをいうときに使う。

【よい（好い）】このましい。好都合だ。賛成できる。親しい。例しばらく見ぬ間に、好い若者になった。／ちょうど好いところに来た。／けんかするほど仲が好いと言うよね。／今日はとても気分が好い。熟語好感・好都合・好評

参考こうあってほしいと思う状態にあるようすを意味する。▽常用音訓にはない読み方。

【よい（佳い）】めでたい。例今日の佳き日を祝う。

参考 常用音訓にはない読み方。
参考 「善い・好い・佳い」は、「良い」に書きかえることができる。

ようい 用意・容易

【用意】 したく。準備。例 かばんに着がえをつめて、旅行の用意をする。／母が、食事の用意にとりかかる。／地震に備えて、非常食を用意しておく。

【容易】 簡単にできるようす。たやすいようす。対 困難。例 この問題なら、ぼくでも容易に解ける。／世界から戦争をなくすのは、容易なことではない。／今なら変更するのは容易だ。

参考 似た意味のことばに「簡単」がある。

ようけん 用件・要件

【用件】 用事の種類や内容。用事。例 大切な用件を手帳に書く。／ご用件をうかがいましょう。

【要件】 ❶大切な用事。例 急な要件で出張する。❷あることに必要な条件。例 要件を満たす。

ようしき 様式・洋式・要式

【様式】 ものごとのやり方。例 江戸時代の様式。／ギリシャ様式。

【洋式】 西洋風のやり方。例 洋式トイレと和式トイレ。

【要式】 決まりに従うやり方。例 要式に従って書く。

ようりょう 容量・用量・要領

【容量】 器に入る量。例 タンクの容量を調べる。

【用量】 薬の、決められた使う分量。例 薬の用量を守って飲む。

【要領】 ものごとの大切なところ。例 学習指導要領。／要領をおぼえる。／要領が悪い。

よげん　予言・預言

【予言】まだ起こらないことを言うこと。例 災害を予言する。

【預言】キリスト教などで、神から受けたことばを人々に伝えること。例 預言者が神のことばを伝える。

よだん　予断・余談

【予断】前もって、判断すること。例 インフルエンザの流行状況は、予断を許さない（＝見通しが立たず、あまり前向きに考えられない）。

【余談】本筋からはなれた話。例 これは余談だけど、あの人は今なにをしているの？

よむ　読む・詠む

【読む】❶読書する。目で見た文字を声に出して言う。例 大きな声で読む。熟語 読書・音読・朗読

❷文字・文章・図表などを見て、その内容を理解する。例 体温計の目盛りを読むと、高熱だった。

❸人の心などを前もっておしはかる。例 カードゲームでは、次の出方を読むのがコツです。／世の中の先を読む。／選挙の票を読む。

【よむ（詠む）】詩や和歌などをつくる。例 きれいなウメを見ながら、俳句を詠む。熟語 詠歌

りょうし　漁師・猟師

【漁師】魚・貝・海そうなどをとることによって、生活している人。漁夫。

【りょう（猟）師】鳥やけものをとることによって、生活している人。かりゅうど。

参考「漁」には「ギョ」の読みしかなかったが、「猟（＝かりをする）」と混同して、日本でつくられた読み方。

ろじ　路地・露地

【路地】

家と家の間のせまい道。例 路地裏を歩く。


【ろ（露）地】

屋根のない地面。例 露地さいばいのイチゴ。

参考 「露」は、さらす、雨ざらしにするの意味。

ろてん　露天・露店

【ろ（露）天】

雨が当たる、屋根のないところ。例 富士山が見える露天ぶろ。／露天商。


【ろ（露）店】

家の形ではなく、道ばたに出す、店。例 お祭りで、神社の境内にはたくさんの露店が出ていた。

わかれる　分かれる・別れる

【分かれる】

一つのものが、二つ以上のものになる。例 道は、この先で二つに分かれる。／四つのグループに分かれて実験をする。／二人の意見が分かれる。／生物は、動物と植物に分かれる。熟語 分解・分割・分権・分断・分裂

【別れる】
いっしょにいた人が、べつべつになる。はなれる。対 会う。例 店の前で、妹と別れる。／転校する友だちと別れるのはさびしい。／大学生の兄は、家族と別れて別の土地で暮らしている。／恋人と別れる。熟語 別居・別離・送別
参考 「分かれる」と「別れる」は、送りがながちがうことに注意。

どっちかな？
❶色のちがいで、好みが（分かれる　別れる）。
❷両者の明暗が（分かれる　別れる）できごと。

わく　沸く・湧く

【わく（沸く）】
❶水が湯になる。例 お湯が沸いたのでおふろに入ろう。
熟語 沸点・沸騰
➡【沸かす】例 やかんで湯を沸かす。
❷大勢が夢中になってさわぐ。例 ゴールしたとたんに、

どっちかな？こたえ　❶分かれる、❷分かれる

スタンドのお客さんが沸いた。／甲子園の優勝に沸く商店街で、優勝セールが行われる。熟語 沸騰

⬇【沸かす】例 甲子園を沸かせた、名選手。

【わく（湧く）】

❶地面からふき出る。例 突然、近所で温泉が湧き出した。熟語 湧出・湧水

❷ある気持ちがおこる。例 あこがれの人が応援にきてくれると、勇気が湧く。／ヘチマの観察をすると、いろいろと疑問が湧く。／大河ドラマを見て、歴史に興味が湧く。／商店街のくじ引きに当たって、降って湧いたような幸運をつかむ。

❸虫などが発生する。例 お米を放っておいたら虫が湧いた。

参考 「湧く」は「涌く」とも書く。「涌出・涌水」

わざ　技・業

【わざ（技）】

❶うでまえ。技術。例 毎日練習して、サッカーの技をみがく。／植木職人に弟子入りして、技を身につける。／ケーキ作りの技を競う。熟語 技能・技量

❷すもう・柔道などで、相手を負かすための動作。例 必殺技をくり出す。／めったに見られない大技が決まる。／一本かと思ったら技ありだった。熟語 特技・妙技

【わざ（業）】

❶行い。しわざ。例 エベレストの頂上からスキーですべりおりるなんて、とても人間業（＝人間ができること）とは思えない。／がんこな祖父を説得するのは、至難（＝とても難しい）の業だ。熟語 業師・神業・離れ業・早業

参考 「業」は、ふつうの人ではとてもできそうにない行いについていうときに使われる。

❷仕事。例 業物（＝名工がきたえた、切れ味するどい刀剣）。熟語 業界・業者・業務

セットで覚える漢字の使い分け辞典 同音異義語・同訓異字

2024年7月23日　第1刷発行

発行人　土屋　徹
編集人　代田雪絵
編集担当　田沢あかね
発行所　株式会社Gakken
〒141-8416　東京都品川区西五反田2-11-8
印刷所　TOPPANクロレ株式会社

●この本に関する各種お問い合わせ先
本の内容については、下記サイトのお問い合わせフォームよりお願いします。
https://www.corp-gakken.co.jp/contact/
在庫については　Tel 03-6431-1199（販売部）
不良品（落丁、乱丁）については　Tel 0570-000577
学研業務センター　〒354-0045 埼玉県入間郡三芳町上富279-1
上記以外のお問い合わせは　Tel 0570-056-710（学研グループ総合案内）

学研グループの書籍・雑誌についての新刊情報・詳細情報は、下記をご覧ください。
学研出版サイト　https://hon.gakken.jp/

7C00

コラムさくいん